1781

# Mutti's
# Tagebuch
# in
# schwerer Zeit.
# 1945.

Renate Meinhof

# *Das Tagebuch der Maria Meinhof*

April 1945 bis März 1946 in Pommern

Eine Spurensuche

| Hoffmann und Campe |

1. Auflage 2005

*www.hoffmann-und-campe.de*
Schutzumschlag: sander köhn wehrmann
Fotos: Andreas Herzau
(Seiten 58, 73, 96, 99, 137, 139, 170, 178)
Satz: Dörlemann Satz, Lemförde
Druck und Bindung: Clausen & Bosse, Leck
Printed in Germany
ISBN 3-455-09425-2

HOFFMANN
UND CAMPE

*Ein Unternehmen der*
GANSKE VERLAGSGRUPPE

*Für Rahel und Amon*

## *»Was haben meine Brüder in Russland gemacht, dass die so über uns herfielen?«*

Eine einzige Erinnerung habe ich an meine Großmutter Maria Meinhof. Ich sehe sie an unserem Kachelofen im Pfarrhaus in Putbus auf Rügen stehen, eine Frau mit geknotetem Haar, schwarz das Kleid, sie trägt eine lange Perlenkette, die schaukelt bis über die Taille, wenn sie spricht, schaukelt in dem Takt, den ihre Stimme vorgibt. Meine Großmutter steht da und wärmt sich die Hände. Dies Bild habe ich vor mir. Sie starb, als ich drei Jahre alt war.

Nach dem Krieg, so heißt es, habe sie nur noch Schwarz getragen. Sechs Kinder hat sie geboren, vier Kinder hat sie verloren. Drei ihrer Söhne im Krieg, Georg-Wolfgang, Hans-Gottfried und Joachim; die einzige Tochter, Eva-Maria, wurde nur 19 Jahre alt, sie starb an einem Herzfehler.

Aber acht Kinder hat sie großgezogen, denn einen Sohn, Rudolf, brachte mein Großvater Ernst Meinhof, dessen erste Frau gestorben war, mit in die Ehe. Ein Mädchen, das Annchen, nahmen meine Großeltern aus dem

*Die Meinhofs 1929 – hintere Reihe von links: Wilhelm, Georg-Wolfgang und Hans-Gottfried; vordere Reihe: Rudolf, Friedrich-Karl auf Marias Schoß, Eva-Maria und Joachim auf Ernst Meinhofs Schoß*

Ducherower »Bugenhagenstift« zu sich, bald nach dem Tod Eva-Marias.

Dass meine Großmutter 1945 ein Tagebuch geführt hat, war in unserer Familie bekannt. Nur hatte es außer ihrem jüngsten Sohn Friedrich-Karl, meinem Vater, niemand gelesen. Für ihn und seine Brüder aber war es gedacht. Am 11. Mai hat Maria Meinhof zu schreiben begonnen, wobei sie die vorausgegangenen vierzehn Tage seit dem 27. April aus ihrer Erinnerung heraus erzählt. Die letzte Eintragung stammt vom 13. März 1946. Ihre Söhne, allesamt in den Krieg gezogen, sollten einmal lesen können, was im Haus und im Dorf geschah, als die Rote Armee nach Ducherow im Kreis Anklam in Vorpommern kam. Manches sollten sie aber auch nicht erfahren. Die Vergewaltigung des Annchen zum Beispiel und deren Schwangerschaft erwähnt meine Großmutter nicht.

Das »Tagebuch in schwerer Zeit«, wie sie es selbst genannt hat, lag in einem Karton auf dem Dachboden im Hause meines Vaters auf der Insel Rügen. Es ist ein schmales Büchlein, in rotbraunes Leinen gebunden, vierzehn mal siebzehn Zentimeter groß. Im November 2002 bekam ich es in die Hände. Auf meine Bitte hin hat mein Vater es abgeschrieben. Ich konnte ihre Handschrift nicht lesen.

Was ich aber dann auf 75 eng beschriebenen Seiten las, ließ mich nicht los. Und das, was ich nicht las, ließ mich nicht los. Denn meine Großmutter umschreibt vieles nur, sie bleibt nüchtern, deutet an und lässt Deutungen zu. Ihren Andeutungen bin ich nachgegangen. Ich wollte wissen, wer noch am Leben ist von denen, die sie mit Namen erwähnt hatte, und wie ihre Leben weitergingen, danach. Was ist aus Grete geworden, Grete mit dem schiefen Gesicht, und was aus dem Hermännchen? Wer war Mieze Krüger, und wie hat sie überlebt, was sie erlebt hat?

In der Zeit von Januar 2003 bis März 2004 habe ich die Spuren aufgenommen, die meine Großmutter gelegt hat. Ich habe Frauen und Männer gefunden und besucht, für die der Krieg nicht zu Ende war, als die Alliierten

Deutschland befreit hatten. Frauen, die sich bis heute fragen: »Was haben meine Brüder in Russland gemacht, dass die so über uns herfielen?«
Ich habe zugehört und aufgeschrieben, was sie mir erzählt haben. Es sind Geschichten aus dem Alltag jener Wochen, in denen der Krieg, den die Deutschen geführt hatten, auf die Ducherower zurückschlug; und es sind Geschichten, die weit über diese Zeit hinausgehen. Hass ist mir nicht begegnet, bei niemandem, aber die Sehnsucht nach Versöhnung mit der eigenen Geschichte. Trauer ist mir begegnet, und immer wieder der Satz: »So ist Krieg, deshalb darf Krieg nicht sein.«
Manche hatten über das, was sie bei Kriegsende oder auf der Flucht erlebten, zuvor nicht gesprochen. Solange es die DDR gab, war das auch nicht ratsam. Es konnte sogar gefährlich sein. Themen wie Plünderungen und Vergewaltigungen durch russische Soldaten waren in der Sowjetischen Besatzungszone und später in der DDR weitgehend tabuisiert. Jede öffentliche Diskussion hätte die sowjetischen Behörden und auch die deutschen Kommunisten vor den Kopf gestoßen. Freundschaft zur Sowjetunion und zu den Sowjetsoldaten, die ja im Lande blieben, wenn bald auch von der Bevölkerung völlig isoliert, wurde zu einer der Säulen der Deutschen Demokratischen Republik.
Doch blieb es, meinem Erleben nach, eine seltsam verordnete Freundschaft. Wenn im Privaten von »den

Freunden« gesprochen wurde, dann konnte man die Anführungszeichen oft mithören. Im offiziellen Sprachgebrauch gab es das Wort »Besatzer« oder das Wort »Zusammenbruch« nicht. Es gab die »Befreier«, es gab den 8. Mai als »Tag der Befreiung vom Hitlerfaschismus«. Jedes Kind lernte das in der Schule, und jedes Kind lernte Russisch.

Nur, mit uns und unseren Familien hatte dieser Hitlerfaschismus nichts zu tun. Dass es *unsere* Großväter waren, die den Krieg geführt, die Polen und Russland überfallen hatten, war nie ein Thema. Bei uns gab es keine Schuldigen. Denn bei uns war aufgeräumt worden mit den Faschisten; Faschisten gab es nur im Westen Deutschlands.

Ich erinnere mich an das betretene Schweigen am Ende einer Russischstunde, als die Lehrerin fragte: »Ja, wer von euch oder euren Eltern war denn schon mal in der Sowjetunion?« Da meldete sich ein Mitschüler und sagte: »Ich nicht, aber Opa war da, auf dem Panzer.«

Für Maria Meinhof war es gewiss ein schwerer, aber doch wohl kein fremder Gedanke, dass Söhne »für die Heimat« auf Panzern in den Krieg ziehen. Nicht für Adolf Hitler, Hitler erwähnt sie in ihrem Tagebuch überhaupt nicht, aber für die Heimat, was immer dieses Wort für sie bedeutet haben mag. Vaterlands- und Heimatliebe waren ihr seit der Kindheit vertraut. Im Hause des Superintendenten Breithaupt, dem sie entstammte, wehte

ein deutsch-nationaler Geist. Am 6. Oktober 1885 wurde Maria als drittes von später sieben Kindern der Clara, geborene von Münchow, und des August Breithaupt in Lindow in der Mark geboren.
Französische Fremdworte zu benutzen war bei Breithaupts nicht erlaubt. Servietten hießen Mundtücher, das Portemonnaie war eine Geldtasche, »Adieu« zum Abschied gab es nicht. Wenn der Vater hörte, dass seine Kinder einen Gast an der Haustür mit »Adieu« verabschiedeten, verlangte er von ihnen, dass sie dem Gast nachliefen, um die Verabschiedung zu korrigieren. »Ich wollte Ihnen ja noch Auf Wiedersehen sagen.« Das war der richtige Satz. Meine Großmutter hat ihn in ihren Lebenserinnerungen festgehalten.
Pflicht, Treue und Gehorsam, das waren gefüllte Worte im Hause Breithaupt. Ein Bruder meiner Großmutter, der im Ersten Weltkrieg dreimal schwer verwundet nach Hause kam, meldete sich dreimal freiwillig wieder an die Front und erschoss sich schließlich aus Verzweiflung über die Niederlage bei Kriegsende.
Im Oktober 1912 trat Maria Breithaupt als Johanniter-Lehrschwester ins Stift Bethanien in Stettin ein. Kurz vor ihrem Staatsexamen teilte man ihr mit, dass sie für die Mission in Indien vorgesehen sei. Die Abreise, zehn Jahre sollte sie bleiben, war für August 1914 geplant. Dann brach der Krieg aus, und das Schiff, das sie nach Indien bringen sollte, wurde umgerüstet. Im selben Jahr

lernte sie den Pastor Ernst Meinhof kennen. Sie heirateten am 30. Oktober 1914 und gingen zusammen nach Tessin, einem kleinen Dorf in der Nähe von Köslin in Hinterpommern.

Hier kam 1915 Wilhelm zur Welt, 1917 Eva-Maria, 1919 Georg-Wolfgang, 1921 Hans-Gottfried, 1923 Joachim und 1928 Friedrich-Karl. Nach Ducherow zog die Familie 1931.

Im Kirchenkampf zählten sich Meinhofs zur Pfarrerschaft der Bekennenden Christen. Es kam vor, dass Spitzel in der hintersten Kirchenbank saßen und mitschrieben, was mein Großvater von der Kanzel sagte. Mancher Kollege legte Talar und Barett beiseite und predigte in SA-Uniform. Für die Kirchenchronik von Ducherow hat mein Großvater später aufgeschrieben, wie er das »katastrophale Ende« des Krieges für sich und aus seinem Glauben heraus gedeutet hat: als »Gottes Gericht über unser Volk, das Menschenvergötterung getrieben und seinen Gott vergessen hatte« – ein Gericht, das auch seine Familie nicht ausließ.

Das vorliegende Buch wechselt zwischen dem ungekürzten Text des Tagebuchs und dem, was mir die Frauen und Männer bei meinen Besuchen erzählt haben. Die Geschichte der Anna Boysen, des Annchen, ist dank der Erinnerungen meines Vaters, Grete Schumachers aus Ducherow und meiner eigenen entstanden. Maria Meinhofs Tagebuch, also ihr subjektives Erleben, gibt die Dramaturgie dieses Buches vor.

Meinem Vater, dem letzten der Meinhof-Söhne, danke ich für seine Hilfe und dafür, dass er bereit ist, die Aufzeichnungen seiner Mutter für die Veröffentlichung freizugeben.

München, den 18. November 2004

*Meinen lieben, lieben Kindern:*
*Rudi und Irmgard,*
*Wilhelm und Urseli,*
*Georg-Wolfgang,*
*Hans-Gottfried,*
*Joachim und*
*Friedrich-Karl*

*An jeden einzelnen von Euch denke ich bei den nun folgenden Aufzeichnungen, als schriebe ich Euch einen Brief. Ob Ihr jemals dies Büchlein in die Hände bekommt? – ich weiß es nicht, das liegt bei Gott. Ich weiß gar nicht, ob Ihr, oder wer von euch noch am Leben ist. Jedenfalls fühle ich mich Euch innerlich so recht nahe, während ich dies niederschreibe. Eure Mutti, d. 11. Mai 45*

*11. Mai 1945*

*Schon bald nach Beginn des neuen Jahres begann der unaufhaltsame Flüchtlingsstrom. 16 große, eng beschriebene Seiten in unserem Gästebuch erzählen von all den vielen Flüchtlingen, die bei uns für einen oder mehrere Tage Zuflucht suchten. Manche blieben auch*

*Die »Jungs-Pyramide« – Meinhofs Söhne, aufgenommen 1936: Auf Rudolfs Schultern Friedrich-Karl (rechts) und Joachim, hinter dem Hans-Gottfried steht, daneben Georg-Wolfgang, es fehlt Wilhelm*

wochenlang bei uns. Oft schliefen 35–43 Personen unter unserem Dach. Es war eigentlich immer ein recht harmonisches Zusammenleben mit all den fremden Menschen, die uns aber nicht lange fremd blieben, besonders wenn sie aus Pfarrhäusern stammten. Durch die gemeinsamen Abend- und Morgenandachten und das abendliche Singen kamen wir einander bald nahe. Was haben wir doch für einen Schatz von wertvollen Trost- und Glaubensliedern, um nur einige zu nennen: »Weiß ich den Weg auch nicht …«, »Wer nur den lieben Gott läßt walten …«, »Soll's uns hart ergeh'n …« »Näher, mein Gott zu Dir …« und »Menschenwachen kann nichts nützen, Gott muß wachen, Gott muß schützen. Herr, durch Deine Güt' und Macht, schenk' uns eine gute Nacht.«
Schmerzlich war es uns, dass unsere lieben Geschwister Grabau* uns im März verließen. Wir hatten nach ihrer Ausbombung in Steglitz 18 Monate in denkbar größester Harmonie miteinander gelebt. Sie siedelten nach Sondershausen über, um ihren Kindern in dieser so schweren Zeit näher zu sein und um den Russen nicht in die Hände zu fallen. Sehr viel Zeit kostete das ewige Packen der Koffer und Pakete, die man zum Teil in sicherere

* Eva Grabau, geb. Breithaupt, war die ältere Schwester Maria Meinhofs, verheiratet mit Studienrat Professor Carl Grabau aus Berlin.

*Gegenden schicken oder mit auf die Flucht nehmen wollte. Es war ja nachher doch alles vergebens, die sicher gewähnten Orte wurden auch vom Feind überrollt und aus der Flucht wurde nichts, die meisten Sachen gingen verloren, so oder so. Oft wurden wir durch Obdach suchende Flüchtlinge noch aus dem Bett herausgeholt, es wurde uns nicht schwer, wir waren dankbar, dass wir noch helfen konnten und nicht um Hilfe bitten mussten.*
*Ergreifende Flüchtlingsschicksale gingen an uns vorüber. So z.B. das Schicksal meines Vetters Joachim Breithaupt aus Basenthin. Ihm waren in seinem Treckwagen sein Schwiegervater und seine Schwiegermutter erschossen worden, und seine Frau hatte er aus den Augen verloren. Die letzten Flüchtlinge, die liebe Frau Steffen, Stockmanns und Schröders aus Ostpreußen verließen uns am Donnerstag, dem 26.4, um nicht d. Russen in die Hände zu fallen. Diese Flüchtlinge, und auch Lackners, die wochenlang bei uns wohnten, sind uns auch besonders lieb geworden. Schröders u. Stockmanns, zusammen 6 Personen, hatten im Hafen von Swinemünde einen furchtbaren Terrorangriff erlebt, ihr Schiff wurde getroffen, sie konnten sich gerade noch retten, bis auf einen lieben 10-jährigen Sohn, der ertrank. Doch es würde zu weit führen, all die tragischen Flüchtlingsschicksale zu berichten. Ich will ja vor allem die letzten Apriltage schildern.*

6

um Hülfe bitten mußten.
Ergreifende Flüchtlingsgeschick-
sale gingen zu uns Herzen.
So z. B. das meines Vetters
Joachim Borsch auch aus Be-
rauschen. Ihm waren in sei-
nem Treckwagen sein Schwie-
gervater, seine Schwieger-
mutter erschossen worden
u. seine Frau hatte er aus d.
Augen verloren. Die letzten
Flüchtlinge, die liebe Frau
Steffen, Stockmanns u. Schrö-
ders aus Ostpreußen verlie-
ßen uns am Donnerstag den
26.4, um nicht d. Russen in d.
Hände zu fallen. Diese Flücht-
linge u. auch Lockmanns, die vor-
herlang bei uns wohnten, sind
uns auch bes. lieb geworden. –
Schröders u. Stockmanns, zus.
6 Personen, hatten im Hafen v.
Swinemünde einen fürchtba-
ren Terrorangriff erlebt, ihr
Schiff wurde getroffen, sie kam.

ten sich gerade noch retten bis auf einen lieben 10=jährigen Sohn, der ertrank. Doch es würde zu weit führen, alle die traurigen Flüchtlingsschicksale zu berichten. Ich will ja vor allem die letzten Apriltage schildern.

Freitag, d. 27. Auch dieser Tag verlief in großer Unruhe u. meist viel Packerei. Das ewige Ein- u. Auspacken nach den verschiedensten Gesichtspunkten war sehr zeitraubend. Und es stellte sich nachher auch heraus, daß wir alles verkehrt gemacht hatten. Denn alles was wir weggeschickt haben, bes. unsere gute Wäsche, ist verloren gegangen. — Am Freitag abend kamen noch 5 deutsche Soldaten zu uns z. Übernachten. Sie äußerten sich sehr hoffnungslos. Sie waren von Stettin gekommen u. sollten auf dem Wege nach Anklam noch ihre letzte Munition verschießen, und — dann?

*Freitag, d. 27.*

*Auch dieser Tag verlief in großer Unruhe und mit viel Packerei. Das ewige Ein- und Auspacken nach den verschiedenartigsten Gesichtspunkten war sehr zeitraubend. Und es stellte sich nachher auch heraus, dass wir alles verkehrt gemacht hatten. Denn alles, was wir weggeschickt haben, besonders unsere gute Wäsche, ist verloren gegangen. Am Freitagabend kamen noch 5 deutsche Soldaten zu uns zum Übernachten. Sie äußerten sich recht hoffnungslos. Sie waren von Stettin geflüchtet und sollten auf dem Wege nach Anklam noch ihre letzte Munition verschießen, und – dann? Freitagabend um 11 Uhr ließ uns Frau Spierling sagen, dass sie noch die ganze Nacht hindurch Lebensmittel verkaufen würde. Da konnten wir und alle Hausgenossen uns noch gut versorgen mit Eiern, Butter, Mehl, Zucker, Seifenpulver und dergleichen. Seit Jahren haben wir nicht so viel Vorräte im Hause gehabt wie in diesen Tagen. Lange dauerte die Freude nicht.*

*Sonnabend, der 28.4.*

*Am Sonnabendmorgen ging die Lebensmittelschlepperei weiter, denn das Ernährungsdepot, das sich die deutschen Soldaten auf dem Gutshof angelegt hatten, wurde aufgelöst. Plötzlich hieß es, es gäbe kein Brot mehr im Dorf zu kaufen, und gerade damit hatten wir uns so gar nicht eingedeckt. Da entschloss ich mich, fix noch selber Brot zu backen. Die deutschen Soldaten, die Dörings Bäckerei übernommen hatten, versprachen mir, unser Brot noch abzubacken, und gaben mir Sauerteig und Roggenmehl. Das Brot wurde gerade noch fertig, bevor die ersten Panzerspitzen kamen.*

*Kurz vor Tisch erschien noch das liebe Fräulein Müdicken aus Milzow, wohl noch mit dem letzten Zuge, der aus dieser Richtung fuhr. Sie wollte ihren Riesenreisekorb holen und hatte große Schwierigkeiten, einen Handwagen zu dessen Beförderung zu finden. Sie aß dann noch mit uns zu Tisch und machte sich dann, da kein Zug mehr in Richtung Greifswald ging, zu Fuß mit dem Handwagen auf den Weg nach Milzow bei Greifswald. Wie weit mag sie gekommen sein? Gott gebe, dass wir dies liebe wertvolle Menschenkind noch einmal wiedersehen dürfen! (Frl. M. hat alles überstanden und ist in Mecklenburg gelandet).*

*Gleich nach Tisch wurden wir durch fürchterliches Geknatter aufgeschreckt und eilten in den Keller, Schweres befürchtend. Gott der Herr hat unser Haus beschützt, nur 3 große Fensterscheiben zerbrachen. Um unser Haus herum fielen mehrere Bomben, und Bordwaffengeschosse richteten viel Schaden an. Vier Soldaten und der liebe alte Vater Kien wurden getroffen. Die Soldaten waren gleich tot, Vater Kien starb nach einigen Stunden.*

Gegen 5 Uhr erscholl der Schreckensruf durchs Haus: »Die Panzerspitzen sind da!« Und wirklich ratterten mit furchtbarem Getöse schreckliche Monstren durch unsere Dorfstraße. Ein Panzerauto hielt vor unserem Hause, drei russische Soldaten kamen in schnellem Lauf auf unser Haus zu, wo unsere ganze Hausgemeinde, etwa 33 Personen, sich versammelt hatte. Der eine Russe sagte: »Hände hoch!«, und die anderen beiden suchten in den Taschen der Männer und an den Armen der Frauen nach Uhren. Und dann begann die Jagd nach dem Polizeisoldaten, der wenige Minuten vorher durch unser Haus gelaufen war. Keiner von uns wusste, wo er geblieben war. Die Soldaten durchsuchten mit vorgehaltenen Gewehren das ganze Haus vom Keller bis zum obersten Boden. Hätten ihn die Soldaten noch bei uns gefunden, hätte es wohl ein trauriges Ende mit unserem Haus und mit uns genommen. Wie waren wir so dankbar, dass sie den Soldaten nicht mehr bei uns fanden. Nachher besuchte ich noch den alten, so schwer verwundeten Vater Kien in seinem total zerschossenen Haus, leider war keine Hilfe für ihn mehr möglich. Ich musste vorüber an den erschossenen Soldaten, ein Eindruck, den ich auch nie vergessen werde. Als wir gerade zur Andacht im Wohnzimmer versammelt waren, kam Frau Rose und bat um Hilfe zur Fortschaffung der erschossenen Soldaten, die Russen hatten ihr diesen so schwierigen Auftrag gegeben.

*Maria Meinhof mit Anna Golembowski,*
*»dem Annchen«, ca. 1947*

*Und dann kam die Nacht, die furchtbarste Nacht, die ich je erlebte. Wir gingen natürlich nicht zu Bett. Wir saßen zusammen in der Fensterecke unseres Wohnzimmers: die alte Frau Rieske, ihre beiden Schwiegertöchter mit ihren 3 Kindern, Annchen und ich, in großer Unruhe. Die Türen durften ja nicht zugeschlossen werden. Und wirklich, gegen 11 Uhr Getrampel auf dem Flur, 3 Russen gingen durch alle Zimmer, kamen auch zu uns heran, leuchteten uns immer wieder mit Taschenlampen ins Gesicht, wir stellten uns schlafend und zogen uns die Kopftücher über das Gesicht. Annchen verkroch sich hinter die alte Frau Rieske. Die grässlichen Kerls fassten uns an, sagten: »Komm,*

*komm«. Die beiden jungen Frau Rieskes wurden gezwungen, mit ins große Zimmer zu gehen und kamen nach einer Viertelstunde ganz verstört zurück. So kamen etwa sechsmal 4–5 Russen, übel riechend, und ängstigten uns. Als sie die alte Frau Rieske mitnehmen wollten, bekam sie einen Weinkrampf, da ließen sie schließlich von ihr ab.*
*Ein Kerl wurde zu mir entsetzlich zudringlich: »Komm, komm mit«, so stand er wohl 2 Minuten vor mir. Ich sagte: »Nein, alte Frau, 60 Jahr alt, 6 Kinder, nein«. Er fasste mich an die Stirn, ich wischte mir die berührte Stelle ab und mein Taschentuch stank nach – Kot. Aber er ließ mich doch schließlich zufrieden. Auch Annchen blieb – Gott sei Dank – von der Berührung mit den Russen verschont. Sie hatte sich das Kopftuch tief ins Gesicht gezogen und hinter der alten Frau Rieske versteckt.*

## *»Ihr Hurensöhne, das Gericht komme über euch«*

Anna Boysen

Um über Anna Boysen zu schreiben, bedarf es keiner großen Recherche. Nur meine Erinnerung muss ich bemühen, Anna Boysen war meine Tante. Jedenfalls hatte ich nichts dagegen, sie als solche zu bezeichnen. Jedenfalls in guten Zeiten.

In guten Zeiten kam sie fast täglich in unser Haus. Sie hatte zwar eine eigene Wohnung am Ort, aber die meiste Zeit des Tages verbrachte sie bei uns, im Pfarrhaus. Am Vormittag, so gegen neun, stand sie vor der Tür und ging erst spät, wenn alle Arbeit getan war. Sie half meiner Mutter im Haushalt. Sie kochte, bügelte, pflückte Johannisbeeren im Sommer, kochte Marmelade daraus, bezog Betten für die Gäste. Es kamen viele Gäste.

In guten Zeiten haben wir, wenn ich aus der Schule kam, zusammen Kaffee getrunken, »guten Kaffee«, also Westkaffee. Wir hatten schon eine Kaffeemaschine, was immerhin etwas Besonderes war, Tante Annchen aber mochte diese Maschine nicht. Sie mochte Flohkaffee, also »Kaffee türkisch«.

Wenn ich kam, war schon alles vorbereitet: Der Tauchsieder hatte das Wasser zum Kochen gebracht, und in zwei Bechern warteten Häufchen duftenden Pulvers. Es waren sparsame Häufchen. Erst wenn ich sagte: »Komm, Tante Annchen, nun nimm dir doch noch einen Löffel«, nahm sie sich noch einen Löffel. Als wartete sie auf dieses Signal. »Aus dem Kaffeesatz haben wir in Ducherow noch Kuchen gebacken«, sagte sie, aber das sagte sie nicht jeden Tag.

Dann goss sie Wasser auf, einen Schwapp Milch dazu, der die Flöhe zum Tanzen brachte. Sie trank mit gierigen Schlucken. Sie verbrannte sich dabei. Hatte Tränen in den Augen, nahm ein Taschentuch. Sie muss im Mund eine Hornhaut haben, dachte ich, dass sie das aushält.

Diese Hastigkeit war es, die unserem Ritual etwas Verbotenes anheftete, das ihm nicht zukam. Die Hastigkeit setzte dem Genuss, noch ehe er begonnen hatte, eine Grenze: Morgens eine Tasse, mittags eine, das muss genug sein, alles andere ist Verschwendung. Das las ich dahinter.

So sehe ich sie: Im Sessel sitzen, den linken Arm auf die Lehne gestützt, um die rechte Hüfte zu entlasten. Die hatte es mit einem verkürzten Bein zu tun. Ein langes und ein kurzes Bein. Das Schwanken im Gang, diese Ungleichheit, verlieh der ganzen Person etwas Verwirrendes. Vielleicht auch etwas Bedrohliches.

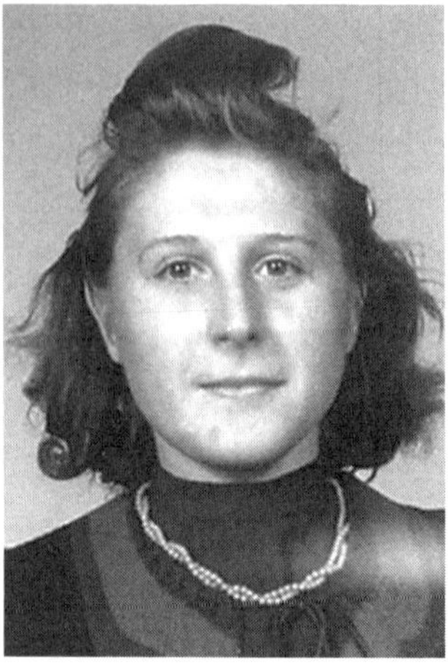

*Anna Golembowski, ca. 1941*

In guten Zeiten sah man sie leuchten vor Glück, wenn ein Westpaket kam, und Wilhelm oder Rudi (sie sagte: Onkel Wilhelm und Onkel Rudi), die Brüder meines Vaters, hatten ihr Seifenpulver geschickt. Ihr, der Pflegeschwester, Seifenpulver geschickt. Sie sagte immer »Seifenpulver«, wie meine Großmutter; niemals sprach sie von »Waschpulver«.

Wäschewaschen war neben dem Kaffeetrinken ihre zweite Leidenschaft. Selbst da noch, als sie dick und unbeweglich in stinkenden blutigen Laken saß, die Handgelenke mit Bandagen umwickelt, hatte sie stets Eingeweichtes neben sich stehen, auf dem Boden, in Schüsseln voll geflockter Lauge. Mit der einstigen Leidenschaft hatte das nichts mehr zu tun.

Es war, was meine Mutter als »Kütern« zu bezeichnen pflegte. Nichts Halbes, nichts Ganzes. Tante Annchen, so nannten wir Kinder sie, küterte mit der Wäsche nur noch so herum. Eigentlich waren ihre letzten Lebensjahre eine einzige Küterei.

Als wir ihre Vorratskammer räumten, nach dem Tod, nach der Wende, die auch das Westseifenpulver in den Osten brachte, war da ein ganzes Seifenpulverlager. Bis unter die Decke hatte sie die Kartons gestapelt. Ein Luftzug aus dem Flur wirbelte die Düfte durcheinander, die sich durchbissen bis in die letzten Winkel des Hauses, als die Tür geöffnet wurde. Sie öffnete mit einem Seufzen. Es war kein Knarren, kein Quietschen. Es war Seufzen. Eine hellgrüne Allerweltskammertür, durch die man Tante Annchens Verschwendungstempel betrat, öffnete mit Seufzen.

Da fühlten wir uns wie Eindringlinge.

Sie lag schon lange unter der Erde, da hat die ganze Familie noch mit Tante Annchens Seifenpulver Wäsche gewaschen.

Anna Golembowski
Annuschka
Nuschka
Annchen
Anna Boysen
Tante Annchen

Und so ging die Geschichte, die wir als Kinder hörten: dass Tante Annchen das Kind polnischer Schnitter gewesen sei, die auf pommerschen Gütern bei der Ernte halfen. Dass die Eltern sie nicht haben wollten oder nicht haben durften, dass man das Baby auf der Schwelle des Kinderheimes im Ducherower Bugenhagenstift gefunden habe, ein Schild um den Hals:

»Ich heiße Anna Golembowski, geboren am 26. Januar 1925.« Denn so hatten es die Schwestern in der Gegend bekannt gemacht: »Bringt lieber ein Kind ins Heim, als dass ihr euch an ihm versündigt!«

Und so ging die Geschichte weiter: dass meine Großmutter das Annchen zu sich nahm, als Pflegekind, nachdem ihre eigene Tochter, Eva-Maria, gestorben war. Dass das Annchen ein Baby gehabt habe, bald nach Kriegsende, dass es von einem Russen gewesen sei, auch das haben wir gewusst, aber erst nach ihrem Tod, und weiter nichts Genaues. Nur: dass es Klaus geheißen habe.

Nuschka.

»Warum eigentlich: Nuschka?«

»Nuschka, ja, warum? Ist wohl ein Katzenname, Nuschka.«

Nuschka, mein Kätzchen.

Dass Anna Golembowski im Ducherower Bugenhagenstift Nuschka genannt wurde, weiß Grete Schumacher zu erzählen. Grete Schumacher hat ihr ganzes Leben im Stift verbracht, die Kindheitsjahre mit Nuschka zusammen. Auch Grete war ein Kind, das die Eltern nicht wollten. Als Küchenhilfe hat sie im Stift gearbeitet und als Kinderschwester auf der Säuglingsstation zu Ende des Krieges und kurz nach dem Krieg, wo sie Nuschka, dem Kätzchen, das Baby brachte, zum Stillen, dreimal am Tag.

Wo sie Nuschkas Baby wusch und schön anzog, für den Sarg und für die Auferstehung, weil es plötzlich das Atmen ließ. Einfach aufgehört zu atmen, das Kind. Und ganz voller nässender Beulen, der Kleine. »Doch wie so ein Engelchen sah er aus.«

Grete Schumacher im Altersheim. Es gehört jetzt der Diakonie. In der Wohngruppe Ahorn im Erdgeschoss hat sie ein Zimmer, da sitzen wir. Es hängen Bibelsprüche an der Wand, gerahmt, der Herr ist mein Hirte, auf dem Bett sitzen Kuscheltiere. Rex, den Hund, hat sie sich von einem Ausflug nach Ahlbeck mitgebracht. Sie hat ein Bett, in dem man sie wird pflegen können, wenn es einmal nötig würde.

Erzählen Sie mir die Geschichte von Nuschka und ihrem Baby …

Frau Pastor kam auf die Säuglingsstation und berichtete, was geschehen war. Es war bald nach dem Einmarsch der Roten Armee. Kommen Soldaten ins Pfarrhaus, suchen nach jungen Frauen. Die sind versteckt, unter dem Flügel, hinter den Gardinen, unter dem Tisch. Reißen sie die Gardinen runter und zerren die Tischtücher hoch,

*Grete Schumacher*

sind betrunken, finden Nuschka, das Kätzchen, aber Frau Pastor will sie nicht hergeben, hält sie fest, da schießen die Soldaten, eine Salve gegen die Wand, als Warnung … und das Kruzifix, zerschossen, fällt herunter.
So, sagt Grete Schumacher, habe Frau Pastor es erzählt. Und man solle nun nicht viele Worte darum machen, habe sie gesagt, das Kind werde, wenn es geboren sei, ins Stift gebracht werden.
Klaus war, was sie ein »Russenbaby« nannten. Anna Golembowski, das Findelkind, brachte ihren Sohn in das Heim, auf dessen Stufen sie selbst einmal gelegen hatte. Aber ihr Kind lebte nur drei Monate.
Putbus auf Rügen, Spätherbst 1980. Kaum ein Mensch auf der Straße. Ich mag diese Leere und den Herbst, wenn er seinen Text wörtlich nimmt: Wenn er auf feuchten Blättern schreibt, wenn er die Geweihe der Hirsche aneinander krachen lässt, im Gehege, gleich am Haus, und wenn das die einzigen Geräusche sind.
Es sind nicht die einzigen Geräusche.
»Ihr verfluchten Hurensöhne, fickt die deutschen Frauen …«
Es ist schon dunkel, als ich die August-Bebel-Straße entlanggehe. Das ist der Weg, den ich nehme, wenn ich von meiner Freundin nach Hause gehe. In dieser Straße wohnt sie. Da wird ein Fenster aufgestoßen; ich bin an ihrem Haus schon vorüber, als das Fenster gegen das

Mauerwerk schlägt und Anna Boysens Stimme sich auf die Straße erbricht.
»Ihr verfluchten Hurensöhne, Russenschweine, fickt die deutschen Frauen, ja, fickt nur, ihr Schweine, das Gericht komme über euch!«
Ich höre. Was höre ich da? Ich traue mich nicht zurückzugehen.
Ich traue mich kaum, mich umzusehen.
Wen schreit sie da an?
Hurensöhne?
Russenschweine?
Das geschah in den schlechten Zeiten. In schlechten Zeiten betrat sie unser Haus nicht mehr, verließ sie ihre Wohnung nicht mehr. Aß nicht mehr, fraß. Benutzte nur noch Löffel, weil man mit Löffeln schaufeln kann. Saß da, auf ihrer Couch, im Mantel, und der Mantel ging nicht mehr zu überm Bauch. Saß inmitten eingepackter Gegenstände: Packpapier um das Radio, ein Band drum, Packpapier um die Stehlampe, ein Band drum, Packpapier um die Tischbeine, Bänder drum, die Uhr verpackt, die Zeit verpackt, alles verpackt. Sitzt da und sagt, sie werde abgeholt, gleich, das werde ich schon sehen, von der Grünen Minna ... Sie war mir so fremd, ich wusste nichts von ihrer Seelenkrankheit.
Tante Annchen, was ist eine Grüne Minna?
Zu dieser Zeit aber dringt man mit Worten nicht mehr vor. Sie müsste zum Arzt, aber sie geht nicht. Sie lässt

sich auch nicht bringen, obwohl sie doch so gerne im Auto fährt, vorne, neben dem Fahrer. Nicht zum Neurologen, nicht zum Psychologen. Auch nicht zum Gynäkologen. Zum Gynäkologen schon gar nicht, niemals auf diesen Stuhl, der einem die Beine breit macht. Nicht auf den »Kirschbaum«, sagt sie, niemals. Auch nicht, als ihr Unterleib anschwillt und sie zu bluten beginnt.

Tante Annchen, was ist ein Kirschbaum?

Der Krankenwagen wartet vergeblich vorm Haus, der Motor läuft. Zwingen kann man sie nicht. Am 27. Dezember 1995 ist sie tot. Leibliche Verwandte sind nicht aufzutreiben. Herbert Boysen, der Mann, der 23 Jahre älter war als sie und der sie einmal geheiratet hatte, ist lange schon tot. Sie hat ihn Onkel Herbert genannt.

Im Ort erinnern sich wenige an sie. Die mit ihr in einem Haus wohnten, oder gegenüber, sind froh, dass es mit dem Fluchen und Schreien ein Ende hat. Die sie in guten Zeiten kannten, sehen sie in der letzten Kirchenbank sitzen, links, vor dem Büchertisch, am Sonntag, die steife weiße Handtasche neben sich, das Gesangbuch vor sich, in der Hand ein gestärktes Taschentuch mit Spitzen, das sie, wenn sie es benutzt hat, mit einer zärtlichen Bewegung in ihren linken Ärmel schiebt. Lippen, schmal wie ein Strich.

Mitgesungen hat sie nie.

*Besonders aufregend war auch, dass sie unseren Vati immer wieder auf den Hof oder Flur herausholten. Einmal musste er unseren schönen Wagen von den Latten befreien (wir hatten ihn als Treckwagen vorbereitet) – ein anderes Mal musste Vati Schränke, Türen oder Truhen aufschließen. Der Inhalt der Schränke und Schubfächer und Truhen wurde entweder mitgenommen oder auf dem Fußboden verstreut. Unsere Koffer und auch die, die uns zur Aufbewahrung anvertraut waren und im Keller und auf dem Boden versteckt waren, wurden geplündert oder gleich voll gepackt mitgenommen und auf unseren schönen Wagen, den wir seit 31 1/2 Jahren so gern benutzten, verladen. Die beiden Pferde unserer einen Flüchtlingsfamilie wurden vor unseren Wagen gespannt und die Russen fuhren mit ihm davon.*

*Frau Irma Rieske wurde nachher noch von einem anderen Russen gezwungen mitzugehen, und zwar nach oben in Rektor Helbigs Schlafzimmer. Helbigs hatte man einfach aus ihren Betten vertrieben und Frau Rieske und Helbigs Stütze hineingezwungen. Eine Stunde später weinte sich die arme Frau Rieske bei mir aus. O Jammer, o Not!*

## *»Mir konnte keijner was«*

### Irma Rieske und ihr Sohn Horst

Irma Rieske sitzt in ihrem Bett und weint. Der Januar hat die fahle Sonne an den Himmel gehängt, der man Wärmendes abspricht. Sie dringt auch nicht durch bis zu ihrem Bett, nicht im Winterwinkel.

Im Hof bellt ein schwarzer Hund, und weil der Hof betoniert ist und umstellt von Gebäuden, springt das Gekläff von Mauer zu Mauer zu Mauer, so dass man meinen könnte, drei Hunde bewachten das Grundstück in der Ducherower Hinterstraße, bewachten den angelegten Teich im Garten, die Hühner, das Haupthaus und den kleinen Anbau, in dem Irma Rieske wohnt.

Sie hört das Bellen. Es ist ein Pflock, den der Tag in die Stille schlägt. So viele Pflöcke schlägt der Tag nicht ein. Das Bellen, gewiss, und die Schlüssel in der Tür, wenn Horst kommt, der Sohn. Das Müllauto, das Postauto und das Quelleauto. Das Klappen der Autotür, wenn der Sohn losfährt, seine Frau von der Arbeit abzuholen, das Klappen der Autotüren, wenn sie wiederkommen. Im Herbst das Lamento der Wild-

gänse, aus dem Kindheitskoffer, das zählt zum Vertrautesten.
Den Hund im Hof hat Irma Rieske schon lange nicht mehr gesehen. Sie steht nicht mehr auf. Sie ist Jahrgang 1912. Ein Pflegefall.
Als Horst kommt, der Sohn, der das Frühstück bringt, sagt sie: »Heute sterbe ich.« Als Horst kommt, der Sohn, der das Mittagessen bringt, sagt sie: »Heute sterbe ich, heute jejt es zu Ende«, und weint. Der Sohn bringt einen Eintopf mit Mohrrüben, Sellerie und Kartoffeln. Sie sagt, dass sie so etwas nicht kenne, dass sie so etwas auch nie gekocht habe, früher. Dabei ist sie nicht wirr. Er sagt: »Ach, Oma, jewiss hast du das jekocht, früher.« Sie pütchert ein bisschen in der Suppe herum, schiebt die Rüben an die eine Seite des Tellers, den Sellerie an die andere, so wie Kinder es tun, und isst nur die Kartoffeln.
Wenn Irma Rieske weint, versteht man sie noch schlechter. Und wenn man sie so schlecht versteht, sagt Horst: »Oma, wir verstejen dich nicht.« Das macht alles noch schlimmer. Der Schlaganfall vor sechs Jahren hat ihre Zunge schwer gemacht, aber doch nicht so schwer, dass man nicht noch hören könnte, wo diese Zunge das Sprechen gelernt hat.
So muss Horst erzählen, der Sohn, der das Frühstück bringt, und das Mittagessen und das Brot am Abend. Horst, der zehn Jahre alt war, als alles geschah.

*Irma und Horst Rieske*

Sie kamen von Pillkallen, genauer gesagt, sechs Kilometer südlich von Pillkallen im Norden Ostpreußens, Regierungsbezirk Königsberg, früherer preußischer Regierungsbezirk Gumbinnen, 5800 Einwohner im Jahr 1939. Da war ihr Hof. Ein schöner, ein sauberer Hof, von einem Birkenwäldchen begrenzt, es gibt dort viele Birken, 20 Morgen Land drum herum, und die Schneiderei des Großvaters Gustav Rieske.

Sie sagen: Pillkallen. Die Stadt war einmal als Schlossberg gegründet, doch nachdem Litauer dorthin gewandert waren, hieß sie Pillkallen. Die Nationalsozialisten machten das rückgängig, Pillkallen klingt nicht besonders deutsch. Also gaben sie der Stadt 1938 wieder ihren Gründungsnamen Schlossberg. Seit Kriegsende heißt sie Dobrowolsk.
Dobrowolsk in Russland.
Dobrowolsk, Rajon Krasnosnamensk.
»Das sprich' mal einer aus«, sagt Horst Rieske. Sie sind nie mehr da gewesen, aber Horst lässt sich manchmal die »Schlossberger Heimatbriefe« schicken. Man findet darin auch Reiseberichte, mit Bildern sogar, wie es heute in der Rumeystraße aussieht und auf dem Mühlenberg, das Haus von Papier-Müller auf dem Markt kann man sich angucken, und den Tümpel im Kumsteller Park. Nach all der Lektüre ist er zu dem Schluss gekommen, dass er wohl, wenn die Häuser des großelterlichen Hofes noch stünden, alles wiederfinden würde. Alles, was sie damals, als er ein Junge war, vergraben hatten, eins achtzig tief, grufttief: in Ölpapier gewickeltes Silber, zwischen Knüllpapier gestapeltes Porzellan, die Likörgläser, die Tischwäsche, bestickt, den Schmuck. Wochenlang wurde gegraben, bevor es losging, auf die Flucht.
Es ging damals immer hin und her. Verwirrende Befehle. Einmal kam der Ortsgruppenführer und sagte, sie müss-

ten nun los. Also packten sie, das war im Spätsommer '44. Dann aber hieß es, die Ernte solle noch eingebracht werden. Also brachten sie die Ernte ein, pflügten um, legten ihren Acker in erwartungsvolle glänzende Falten und blieben.

Blieben nicht lange. Denn die Nächte waren längst voller Angst. Sie saßen angezogen auf der Veranda, die Vorhänge zu, alles verdunkelt wegen der Luftangriffe der Alliierten. Die Flugzeuge flogen nach Königsberg. Manchmal klapperten Kugeln auf dem Dach der Veranda. Das Geräusch ist Horst Rieske ins Gedächtnis gefallen, und auch die Bilder von den lodernden Feuern. Männer vom Reichsarbeitsdienst hatten zur Täuschung der Flugzeuge Holz zu großen Haufen gestapelt, das alles wurde angesteckt des Nachts und brannte lichterloh. Wurde ein Flugzeug abgeschossen, gab es eine Stichflamme, ein Pfeifen, ein Zischen, dann Ruhe.

Einmal, nachdem es Stichflammen und Pfeifen und Zischen gegeben hatte, ist der Großvater mit Horst losgezogen, am frühen Morgen, ins Moor, die Fallschirme der Piloten zu suchen. Fallschirme mussten abgegeben werden. Das war die Vorschrift. Sie fanden zwei, und zwei Augenpaare fanden sich. Der Enkel spürte, dass sein Großvater gerade in die Zukunft schaute. Er konnte das, und so beschlossen sie mit den Augen, nur einen Fallschirm abzugeben, den anderen aber behielten sie.

»Denn das war Seijde ...«
Seide. Horst Rieske spricht den Satz so zart aus, als berührte sein Mund beim Sprechen die Haut einer schönen Frau. Als bauschte diese ganze Wolkenleichtigkeit in ebendiesem Moment durch seine Hände. Seide.
Und was für Seide das war! Es war ein Schatz, für sie vom Himmel geschossen. Den trugen sie behutsam nach Hause, breiteten den Stoff im Hof aus, als es dunkelte. So sauber war der Hof, dass man Seide auf ihm ausbreiten konnte. »Und dann hat Opa Blusen jenähjt.« Noch in Ducherow gab es Frauen mit Fallschirmblusen.
Im Spätherbst 1944 ging es dann wirklich los.

> »In der Schlacht im ostpreußischen Grenzgebiet entlasteten unsere Panzerkräfte [...] südöstlich Gumbinnen die schwer ringenden Grenadiere. Der wieder mit zahlreichen Panzern und Schlachtfliegern angreifende Feind blieb nach geringfügigen Einbrüchen liegen. [...] Ein schneidig geführter Gegenangriff warf den in Schlossberg eingedrungenen Feind wieder zurück.«*

Rieskes wussten nicht, dass es keine schneidig geführten Gegenangriffe mehr gab, dass es überhaupt keine Angriffe mehr gab, wer im Dorf wusste das schon, denn Hitlers Propagandamaschine funktionierte bestens, und

* Aus dem Wehrmachtsbericht vom 27. Oktober 1944. Vgl.: Die Wehrmachtsberichte 1939–1945, München 1985.

so glaubten sie, dass alles noch zu retten sei, dass sie zurückkommen würden. Auch Horst, der Zehnjährige, glaubte das.
Er erinnert sich, dass die Uhr auf halb eins ging, in der Nacht, eine Nacht im Spätherbst, als sie losmussten. Da fiel ihm ein, dass er seine Eisenbahn nicht versteckt hatte. So lief er, als schon angespannt war, holte seinen Schatz und verbarg die Lokomotive in der Hundehütte, die Waggons aber schob er unter den lederbezogenen Sitz des Pferdeschlittens im Stall. Sollte alles dort warten, bis seine Hände es wieder zum Leben erwecken würden, bald.
Die Nacht war kalt, es roch nach durchgeschwitztem Zaumzeug, nach dem aufgeregten Atem der Tiere, nach dem aufgeregten Atem der Menschen. Es war alles bereit. Sie öffneten zum Schluss die Ställe, damit das Vieh laufen konnte, aber das Vieh wollte gar nicht laufen, streuten Futter aus und ließen die Hunde los.
»Lass laufen …«, sagt Horst Rieske in seiner Küche, in seinem Haus in der Ducherower Hinterstraße.
Es gingen auf die Flucht: Emma und Gustav Rieske mit ihren Schwiegertöchtern Meta und Irma, deren Vater und drei Kindern. Das waren Heinz und Lenchen, Metas Kinder, und Horst, Irmas Sohn. Meta war verheiratet mit Emil Rieske, der an der Front war. Irma war mit Gustav junior verheiratet. Der war Schneider wie sein Vater und auch an der Front.

Es gingen in dieser Nacht auf die Flucht: acht Menschen und zwei Nähmaschinen. Die nahmen Platz weg, ein Ärgernis. Doch Großvater Gustav ahnte, dass die Nähmaschinen ihnen das Leben retten würden. Er konnte in die Zukunft blicken, und als er das Schneiderzeug mit den Worten »Das ist unser Brot« auf den Wagen hob, widersprach ihm niemand.
Es waren eine »Pfaff« und eine »Singer«. Die »Pfaff« war fürs Grobzeug, Mäntel und Jacken aus schwerem Stoff, die »Singer« war für Frauensachen. Um sich die »Pfaff« leisten zu können, hatte der alte Rieske eine Kuh verkauft. Das war kurz vor der Inflation, und er erzählte immer, dass er noch gerade Glück gehabt hatte, dass er für die Kuh einen Tag später nur noch eine Streichholzschachtel bekommen hätte. So schnell verfiel das Geld. Bevor sie losmussten, hatte er mit Goldbronze die Buchstaben nachgezogen: »Pfaff« und »Singer«, Gold auf schwarzem Grund. Stolze Lettern. Ihr Brot.
Irma Rieske auf dem Kutschbock, die anderen hinten. So fuhren sie los, und bald reihte sich Pferd an Pferd, Treck an Treck, Dörfer im Aufbruch. Tiefflieger beschossen sie, dann lagen tote Kinder rechts und links der Straße, und tote Frauen und Alte.
Sie hatten Hunger und Durst und begannen zu frieren. Klopften in Dörfern an Türen, baten um Brot. »Runter vom Hof, verschwindet!«, sagten manche, erzählt Horst Rieske, »und am nächsten Tag mussten die selber weg.«

In Michelsfelde nahmen Soldaten der Wehrmacht ihnen die Pferde ab, kriegswichtige Pferde. Von da an ging es zu Fuß weiter.
Wochen später kamen sie nach Schlagenthin, auf das Rittergut der Familie Krüger, 60 Kilometer östlich von Stettin, bei Arnswalde gelegen. Weil der Großvater nähen konnte, durften sie bleiben. Sie blieben, bis die Rote Armee schon nahe war. Da ging Frau Rittergutsbesitzer Krüger auf die Flucht Richtung Westen, und Rieskes nahm sie mit. Weil der Großvater so gut nähen konnte, aus jedem Fetzen etwas machen konnte, jeden abgewetzten Mantel noch einmal wenden konnte …
Aber einer vom Gut, er war Offizier, der wollte nicht fort, der wollte bleiben. Als die Rotarmisten schon auf dem Hof waren, hat er aus dem Hinterhalt zwei Soldaten abgeknallt. Sie waren auf seinem Motorrad gefahren. Auf *seinem* Motorrad.
Da haben die anderen Soldaten *ihn* abgeknallt und das ganze Schloss angesteckt. Wer darinnen war, kam um. Wer es gesehen hat und überlebte, erzählte es weiter. So haben Rieskes es später erfahren.
Ankunft des Trecks in Ducherow, Verteilung auf die Häuser des Dorfes. »Ihr dahin, ihr dahin, fertig.« Rieskes ins Pfarrhaus, fertig. Frau Rittergutsbesitzer Krüger? Auch ins Pfarrhaus, fertig.
Ein Pfarrhaus voller Menschen. Rieskes wohnen in zwei Kammern unterm Dach. Gustav Rieske näht für Brot,

näht Fallschirmblusen und warme Mäntel. Horst lebt sich schnell ein, für die Kinder im Haus ist es, als hätten sie Abenteuerferien, und doch spüren sie, wie die Angst der Erwachsenen größer wird. Noch sind die Geschütze nicht zu hören, aber auch im Pfarrhaus wird gepackt, im Garten vergraben.

Am Nachmittag des 28. April, kurz bevor die ersten Rotarmisten in Ducherow einmarschieren, ist Horst noch im Dorf unterwegs. Als der Bahnhof beschossen wird, rennt er nach Hause. Aber im Haus sind alle Zimmer leer. »Horst, komm bloß rein, wir sitzen alle im Keller«, hört er da Ernst Meinhofs Stimme, von unten herauf. Und wird dann Zeuge eines Streits zwischen Ernst Meinhof und dem Landjäger in Uniform, von dem später niemand sagen konnte, woher er so plötzlich gekommen war:

»Herr Landjäger, ziehen Sie den Mantel aus! Sehen Sie nicht, der Russe ist da, es ist vorbei!«

»Es ist nicht vorbei! Es ist nicht vorbei!«

»Ziehen Sie um Himmels willen die Uniform aus, hören Sie die Panzer nicht? Sie bringen uns alle um!«

Der Landjäger aber zog die Uniform nicht aus, er rannte los, rannte in Richtung Garten, in Richtung Teich. Wenig später sah Horst den Mantel des Landjägers in einem Baum hängen. Oder war es nicht der Mantel?

»Dawai, Uhri, Uhri!« Das waren die ersten russischen Worte, die Horst hörte, von oben herunter gesprochen, in den Keller. Nacheinander kamen gut dreißig Menschen herauf in den Hof. »Dawai! Uhri, Uhri!« Und alle wurden ihre Uhren los. Aber Irma Rieske hatte ihre Uhr im Stiefel versteckt.

Das war der Anfang.

Irma Rieske sitzt in ihrem Bett und weint. Sie will erzählen, aber man versteht sie so schlecht. »Oma, wir verstehjen dich nicht«, sagt Horst, »jieb dir doch Mühe.« Und dann versteht man sie doch:

»Omama* hat mich immer hinter der Jardine versteckt, wenn Russen ins Haus kamen. Aber sie haben mich jefunden. Eijener wollte mich nehjmen, aber hab ich mich jewehrt, ich hab ihm an seijener Brust eijn Uhrglas zerdrickt.«

Horst ist dabei, als seine Mutter an der Brust eines sowjetischen Soldaten ein Uhrglas zerdrückt, Horst rennt los, rennt um seine Mutter. Rennt zu einem Offizier, auf der Straße, zieht ihn am Ärmel, mit ins Haus hinein, fleht: »Poschalsta dawai, dawai …«

Irma Rieske sitzt in ihrem Bett und weint und sagt: »Mir konnte keijner was.«

Horst hat gesehen, wie der Offizier auf den Soldaten eingeprügelt hat, danach, mit dem Kolben einer Kalaschnikow. Er sagt: »Die sind mit ihren Leuten nicht zach umgegangen.«

---

* Maria Meinhof

Und Großvater Gustav Rieske näht. Näht für Flüchtlinge, näht für die russischen Soldaten. Näht für Brot. Manchmal bringen sie ihm auch Fleisch, manchmal Kekse. Rieskes müssen nicht hungern. Sie haben eine »Pfaff« für Grobes und eine »Singer« für Feines und einen Großvater.

Der hat im Dorf bald einen Namen: Schneidermeister Rieske. Dass er Gustav heißt, wissen die wenigsten. Monate vergehen, langsam normalisiert sich die Lage. Und weil es ein Zurück nach Pillkallen nicht geben kann, bleiben sie: Gustav und Emma Rieske, deren Schwiegertochter Irma und Horst. Meta Rieske zieht mit ihren Kindern weiter Richtung Westen.

Von Horsts Vater, Gustav junior, kommen im Jahr zwei Postkarten. »Vom Towarisch abgestempelt«, sagt Horst Rieske. Der Vater war 1943 bei Witebsk in Gefangenschaft geraten. Zuerst musste er Holz flößen, auf der Wolga, doch bald erkannten sie seine Begabung. Von da an durfte er nähen. Und weil er sein Handwerk verstand, ist es ihm nicht schlecht ergangen.

Ende 1949 kommt Horst nach Hause, aus der Schule, geht in die Küche. Da sitzt auf dem Stuhl ein Mann. »Kennst du den?«, fragt der Großvater.

»Nee, den kenn ich nich«, antwortet der Enkel.

Gustav Rieske junior sah gut aus, als er aus der Gefangenschaft kam. Er trug einen Anzug aus Uniformstoff, er hatte sich einen Schnauzbart wachsen lassen, seine Züge waren nicht verhärmt. Zwei Koffer aus Holz brachte er mit, voll wundersamen Inhalts. Horst erinnert sich, dass er vom Vater ein Feuerzeug geschenkt bekam. Es war graviert und aus der Hülse einer Patrone gefertigt.

Nun nähen Gustav Rieske senior und Gustav Rieske junior zusammen. Das geht ohne Streit. Irma Rieske sorgt für den Haushalt. Horst macht nach der Schule eine Lehre und wird Agrarflieger. Er ist oft Tag und Nacht unterwegs. Er heiratet und bekommt zwei Söhne.

1975 stirbt Gustav Rieske junior an Krebs. Zu Hause. Sie haben nicht genug Morphium für ihn. Horst mag abends nicht nach Hause gehen, an der Pforte schon hört er seinen Vater. »So hat der jeschriejen …«

Dreißig Jahre lang fliegt Horst Rieske über die Äcker des Bezirkes Rostock. 1991, die Mauer ist gefallen, wird er arbeitslos. 200 Liter Treibstoff hat sein Flugzeug in der Stunde geschluckt. Macht 1200 Mark in sechzig Minuten, macht 1200 Mark zu viel in diesen Zeiten. Sein Betrieb wird abgewickelt.

Horst Rieske ist nun Rentner. Einer seiner Söhne ist zum Bundesgrenzschutz nach Frankfurt gegangen, Frankfurt am Main. Der andere hat keine Arbeit und lebt in der Nähe. Der Lebenskreis ist eng geworden, wegen der Oma, sagt Horst Rieske. Manchmal macht er mit seiner Frau eine Butterfahrt. Altwarp einsteigen, im Stettiner Haff, Nowe Warpno an Land, wenn man will. Eine

Stange Zigaretten dafür, ein Liter Schnaps und ein Stück Butter. Das ist mal eine Abwechslung.
Und die Nähmaschinen?
Ach, die Nähmaschinen. Die »Singer« stand noch lange auf dem Boden.
»Die möbel' ich auf«, sagte eines Tages Horst Rieskes jüngster Sohn. Aber dann fand er doch nicht die Zeit.
»Die ist zu jung«, sagte ein Trödler, »die hat ja schon ein Rundschiffchen ...«
»Ja, wenn die nun ein Langschiffchen hätte, würd' ich sie nehmen«, sagte ein anderer und meinte das Gleiche.
»Man muss sich auch mal von was trennen«, sagte Horst Rieske schließlich zu sich selbst und brachte die »Singer« in die Schottkuhle, was der Schrottplatz ist.
Im Hof bellt der Hund. Horst Rieske sitzt auf dem Rand des Bettes seiner Mutter. Deren Augen sind jetzt sehr klar und sehr weit und sehr weit weg.
Diesen Augen kann keiner was.
Er sagt: »Von uns wird doch nie mehr wer was nähjen.«

*Immer wieder hörte man das Getrampel der Soldatenstiefel, alle Zimmer, alle Boden- und Kellerräume wurden durchsucht, immer wieder wurden Kisten und Koffer mit Gewalt aufgemacht. Als der Morgen graute, wurde es ruhiger im Hause und wir schliefen noch wenige Stunden; die furchtbarste Nacht, die wir wohl je erlebten, lag hinter uns.*

*29.4.*

*Der Sonntag brach an, wir merkten nichts davon, dass es Sonntag war, an Gottesdienst war nicht zu denken, es wagte sich niemand aus dem Hause. Sehr bald begann wieder der Russenschreck. Sie kamen zu zweien, zu dreien und belästigten uns und plünderten, wo sie etwas Brauchbares fanden. Besonders aufregend war der Besuch zweier Polen, die durchaus Schnaps und »Handuhren« haben wollten. Ich war bereit, meine Armbanduhr zu geben, konnte sie aber in der Aufregung nicht finden; der Pole ging mir nicht von der Seite, drohte mit »Hand abschlagen« und »Totschießen« und ging mir nicht von der Seite. Endlich brachte mich unsere alte liebe Frau Krüger, die seit 8 Wochen bei uns wohnt, darauf, dass mir die Russen schon in der Nacht vorher wahrscheinlich meine Uhr aus der Handtasche, die sie ausgeschüttet hatten, herausgenommen hätten. Schließlich gab mir die junge Frau Meta Rieske ihre eigene kleine Armbanduhr, ich gab sie dem Polen – dann endlich ließ er von mir ab. Eine aufregende Viertelstunde.*

*Ein freundlicher Russe setzte sich zu den Rieskeschen Kindern, erzählte von seinen eigenen, ging nach oben, stahl Frau Rieske Kekse und schenkte sie hier unten in unserem Wohnzimmer den Rieskekindern. – Ein anderer Russe zeigte auf die christlichen Bilder und Madonna und das Kruzifix an unserer Wand, sagte »Gutt, gutt« und ging heraus. Dies waren aber auch die einzigen freundlichen Eindrücke der Schreckenstage.*

*Im Laufe des Sonntagvormittags versammelte sich auf unserem Hofe eine große Menschenmenge. Ein Bürgermeister sollte gewählt werden. Eine Vorbesprechung fand in unserem Wohnzimmer statt, an der alle Männer unseres Hauses, der Dolmetscher Herr Lind und der russische Kommandant und noch andere russische Offiziere teilnahmen. Nachher stieg dann die Volksversammlung. Der Kommandant sagte in seiner Rede, die verdolmetscht wurde, dass die Ducherower ganz beru-*

*higt sein sollten, es würden wieder geordnete Verhältnisse hergestellt werden, jeder sollte in gewohnter Weise seiner Arbeit nachgehen und die neuen Vorschriften auf das Genaueste befolgen. Wie waren wir erleichtert, wir wussten ja nicht, wie wenig diese Versprechungen befolgt werden würden. Am Schlusse der Versammlung wurden durch Zuruf Herr Gilgen als Bürgermeister, Herr Juhnke als Beisitzer, Frau Gilgen und Ruth Stöck als Sekretärinnen gewählt.*

*Am Nachmittag wurde in aller Stille der alte Kien auf unserem alten Friedhof beerdigt. Die Männer aus unserem Hause: Herr Rektor Helbig, Herr Rieske, Herr Bacher und Herr Dill trugen den Verstorbenen ohne Bahre, nur auf einem Laken zur Grabstelle hin. Ernst hielt, ohne Talar, eine kurze Trauerfeier. Inzwischen war Mieze Krüger mit ihrer Nichte zu uns gekommen, um uns ihr namenloses Leid zu klagen: Das Leid der Familie Krüger und Gierke.*

*In der Schreckensnacht saßen im Keller bei Feldt's in banger Erwartung zusammen: Familie Feldt, Fam. Krüger, Gierkes, Hannemanns und Kutschkes. Nachdem sie schon einige Male durch Russen belästigt und beunruhigt waren, kam wieder ein Russe in den Keller, leuchtete den Frauen und jungen Mädchen in's Gesicht und sagte: »20 Russen oben, 5 Frauen kommen mit.« Da ergriffen die Großmütter je ein Kindchen und die jungen Mütter nahmen ihre Jüngsten aus dem Kinderwagen,*

Fam. Berger, Zierke's, Hamm-
manns u. Lützke's. Nachdem sie
schon einigemale durch Russen
belästigt u. geängstigt waren,
kam wieder ein Russe in den
Keller, leuchtete den Frauen u.
jungen Mädchen ins Gesicht u.
sagte: „20 Russen oben, 5 Frau-
en kommen mit." Da ergriffen
die Großmütter je ein Kindchen
u. die jungen Mütter nahmen
ihren Jüngsten aus dem Kinder-
wagen, stürzten in ihrer Angst
u. Verzweiflung in die Nacht hin-
aus u. ertränkten sich im Bau-
ernpfuhl. Eine junge Frau, ein
junges Mädchen u. ein Jungchen
von 5 Jahren wurden noch lebend
geborgen. Aber vierzehn unglück-
liche Menschen waren tot, acht
ertranken u. sechs haben ihrem
Leben durch Erhängen ein Ende
gemacht. O große Not! Die Beer-
digung am Montag, den 30. April,
werde ich nie vergessen. In zwei
großen Massengräbern wurden sie

*stürzten in ihrer Angst und Verzweiflung in die Nacht hinaus und ertränkten sich im Bauernpfuhl. Eine junge Frau, ein junges Mädchen und ein Jungchen von 5 Jahren wurden noch lebend geborgen. Aber vierzehn unglückliche Menschen waren tot, acht ertranken und sechs haben ihrem Leben durch Erhängen ein Ende gemacht. O große Not!*
*Die Beerdigung am Montag, dem 30. April, werde ich nie vergessen. In 2 großen Massengräbern wurden sie auf weißen Kissen gebettet und mit blumenbestreuten weißen Tüchern zugedeckt. Eine ergreifende Trauerfeier, die Ernst im schwarzen Gehrock hielt. Auch sonst haben während oder nach der ersten, schwersten Nacht vom 28. auf den 29. April und später noch einige Ducherower Selbstmord verübt, im ganzen wohl 20. In Anklam haben etwa 300 Personen ihrem Leben ein Ende gemacht, ein Beweis dafür, wie furchtbar die Russen in unserer Gegend gehaust und die jungen Mädchen und Frauen gequält haben. – Ach, ich könnte noch viele, viele so traurige Schicksale erzählen.*

## *»Es gab auch Frauen, die es mit den Russen gehalten haben«*

Die Sache mit Fritz

Charlotte Petzel

Räder rumpeln übers Pflaster. Eine Frau zieht einen Wagen durchs Dorf. Auf dem Wagen liegen Menschen, die Menschen sind in Laken geschlagen, aber die Laken können nicht alles bedecken. So viele Laken hat die Frau nicht gefunden, dass sie alles hätte bedecken können. Rücksichtslos sind die Körper, todschwer. Zu schwer für eine Frau um die siebzig.

Ich hatte mir in den Kalender geschrieben: jemanden finden, der Mieze Krüger gekannt hat …

Hatte sie Kinder?

Kinder keine.

Freundinnen?

Keine Freundin mehr zu finden.

Wo hat sie gewohnt?

Gewohnt im Haus von Schlächter Petzel.

Frau Petzel am Telefon. Der Stimme nach kann sie so alt nicht sein: »Mieze Krüger? Tante Mieze? Da kann ich erzählen … Tante Mieze hat ihre Familie auf einem Handwagen …«

*Charlotte Petzel*

Nun sitzt sie da, Charlotte Petzel, hippelig wie ein Mädchen, in ihrer guten Stube, das Gesicht voller Falten, aber leuchtend, eine Landschaft, in der 90 Jahre geschürft haben. Sitzt da, in ihrem Haus, dessen Dach weicher wirkt als die anderen Dächer in der Straße. Es ist ein Ziegeldach wie andere Ziegeldächer auch, und doch weicher, ein Dach, einem Pelz gleich, der zur Erde gleitet.

Unter diesem Dach wohnten beieinander: Charlotte Petzel und Mieze Krüger, dazu die ganze Familie Krüger und auch Gierkes. Dabei ist das Haus nicht groß. Es aber klein zu nennen, trifft es nicht, und doch muss es eng gewesen sein. Charlotte Petzel kann sich an Streit aber nicht erinnern.

Mieze Krüger hieß eigentlich Marie Krüger, doch niemand nannte sie so. Alle sagten Tante Mieze zu ihr. »Tante Mieze, kannst du mal auf Hellmuthen uppassen, Tante Mieze, de Lüttsche hett de Bucksen voll …«

Tante Mieze hier, Tante Mieze da. Jemand, den jeder gern zur Tante hätte. So eine Frau.

Tante Mieze war die Schwester von Erich Krüger. Dem gehörte die Fleischerei am Haus. Er hatte sie bis 1933, da ging er in Konkurs, und Petzels übernahmen das Ganze, die alten Petzels, Charlottes Schwiegereltern. Die hatten nur einen Sohn. Sie machten den Laden wieder auf, wirtschafteten gut, kauften und schlachteten und verkauften, und die Leute im Dorf waren es zufrieden.

Charlotte Petzel hat am 10. Januar 1943 in die Flei-

*Schlächterei Petzel in der Ducherower Hinterstraße*

scherei eingeheiratet. Winterhochzeit im Schnee, knochenkalte Tage, eine Kriegsbraut. Im selben Jahr noch brachte sie eine Tochter zur Welt. Von Kauf und Verkauf, und wie man ein Schwein zerlegt oder eine Kuh, hatte sie erst gar keinen Schimmer. Sie hat aber schnell gelernt. Sie kam ja vom Lande, aus der Gegend von Neubrandenburg, Rosenow hieß der Hof, von dem sie kam.

Ihr Mann also, Schlächter Petzels einziger Sohn, war als Soldat in Oberschlesien. Wie sollte der alte Petzel die schwere Arbeit schaffen, nur mit Frauen? So teilte man ihnen zwei Polen zu. Zwangsarbeiter. 1943 war das.

Charlotte Petzel sagt nicht: Zwangsarbeiter. Sie sagt:

»Das waren wunderbare Menschen, einmalige Menschen. Ich möchte sagen, die haben uns beschützt.«
So drückt sie es aus.
Den einen nannten sie Fritz, der andere hieß Stefan. Stefan war noch ziemlich jung, zwanzig vielleicht, Fritz aber war älter, so um die dreißig. Petzels und Fritz und Stefan, sie haben von nun an alles zusammen gemacht: zusammen gearbeitet, zusammen gegessen, zusammen gefeiert. Da gab es keinen Unterschied.
Wenn jemand den Polen etwas anhaben wollte oder böse Bemerkungen machen wollte, »Polenschweine, Untermenschen«, so etwas, wie's üblich war, dann spürte es der alte Petzel, noch ehe die Worte geformt waren, und wurde zornig. Dann sagte er: »Wehe euch, an diesen Menschen könnt ihr euch ein Beispiel nehmen!« In solchen Momenten bekam die Stimme des Fleischermeisters Petzel etwas Prophetisches. Diesen Ton, messbar am Schweigen der Umstehenden, vergaß man nicht, denn er war ohne Angst.
Als die Rote Armee kurz vor Ducherow stand, sind auch Petzels auf die Flucht gegangen. Es war alles gepackt: ein Wagen für die Menschen, ein Wagen fürs Pferdefutter, Decken zum Schlafen, der Spirituskocher. Die Männer liefen nebenher. Fritz ging rechts, und Stefan lief links, so zogen sie los, Richtung Westen. Etwa acht Tage waren sie unterwegs. Dann machten sie kehrt und fuhren nach Hause zurück.

Im Haus sitzt Tante Mieze. Sitzt da, allein. Erzähl, Tante Mieze, was ist geschehen? Und sie erzählt: dass ein Russe in den Keller kam, dass er ihnen ins Gesicht leuchtete, dass er sagte: »Zwanzig Männer oben, fünf Frauen kommen mit.«

Dass sie die Toten aus dem Teich gezogen – und nach Laken gesucht hat im Dorf, dass sie die Toten auf dem Holzkarren zum Friedhof gebracht hat, dass sie zu Frau Pastor gelaufen ist, wegen der Beerdigung.

Nun ist Tante Mieze allein, übrig geblieben, mit ihrer Nichte.

Und Petzels Haus: ein Chaos. Alles ist durcheinander und vieles verschwunden. »Dass die Russen das gemacht haben, das glaub' ich gar nicht mal«, sagt Charlotte Petzel. Denn es kamen bald Nachbarn, die raunten: »Geht mal dahin, da steht eure Lampe.« Oder: »Geht mal dorthin, die essen von eurem Geschirr.« Aber sie sind nicht hingegangen. Sie wollten keinen Streit.

Die Schlachterräume und den Laden durften sie nun nicht mehr betreten. Ein Soldat saß davor, Gewehr im Anschlag. Aber Fritz und Stefan durften rein, mussten sogar rein, mussten schlachten für die russischen Soldaten. Da hat Fritz sich Schnaps besorgt, viel Schnaps. Damit machte er den Wachsoldaten betrunken.

»Na sdorowje, Towarisch! Na sdorowje!« Und noch einen Schluck! Auf den Sieg, Chitler tot, und auf die Heimat!

Als der Soldat schlief, als das Gewehr langsam aus seinen Händen zu Boden glitt, hat Fritz die schieren Stücke aus dem Laden geholt und zu Petzels gebracht. So mussten sie nicht hungern.

Sie schliefen nun alle in einem Zimmer, links unten im Haus, die gute Stube heute: die alten Petzels, Fritz, Stefan, Charlotte mit der Kleinen. Die Türen durften nicht verschlossen werden.

Einmal, nach Mitternacht, geht die Tür auf, kommt ein Offizier ins Zimmer, sieht die Kleine in ihrem Bett. Die deckt sich immer auf, im Traum, ihr Po ist nackt. Die Mutter, in Angst, will die Decke drüberziehen. Der Offizier, auf Zehenspitzen, geht zum Bett des Mädchens, den Finger auf den Mund gelegt, »Pst, pst, kleine Mädchen schlafen muss«, und deckt sie zu, zärtlich fast, zieht die Tür leise ins Schloss und geht.

Das war wie ein Traum, schaukelnd zwischen Panik und Glück. Ja, Glück. Charlotte Petzel sagt: »Es war ein schöner Mann, was so ein Offizier war.«

»Es gab auch Frauen, die es mit den Russen gehalten haben, aber die haben es aus Not getan, warum auch immer. Man soll da nicht urteilen. Wenn Russen wieder abzogen aus dem Dorf, saßen die Mädels mit obendrauf auf den Wagen, es waren ja auch keine jungen Männer da. Es waren ja alle im Krieg.«

Natürlich ist sie in Sorge um ihre Eltern. Als sie die Ungewissheit nicht mehr aushält, geht sie los, ein Ende hin

bis Rosenow. Sie stäubt sich Mehl ins Haar, hängt sich Schwarzes und Graues um und zieht mit gebeugtem Rücken los, wie eine alte Frau. Ihre Eltern findet sie im Schweinestall. Auf dem Boden liegt Stroh, da schlafen sie. Sonst haben sie nichts. Der Schweinestall ist stehen geblieben, alles andere ist verbrannt.
Da war auch ihre Kindheit verbrannt. Aber sie hatte ja die Bilder im Kopf, hat sie noch immer im Kopf: die Abende im Winter, wenn sie Milchsuppe mit Klütern aßen, und Speck und Brot, den Geruch von Muckefuck. Das Stimmengewirr, das Lachen, wenn die Großen Skat und Doppelkopf spielten. Das Gefühl, wenn man im Sommer durchs Feld ging und die Ähren einem durch die Hände kribbelten, dieses Kribbeln ... Der Tag, an dem das Unglück geschah.
Geht der Vater los mit der Sense, hinters Haus. Ein Tag wie glühendes Eisen, Lerchen stehen am Himmel. Hoch steht das Gras hinterm Haus, voll Sommerlärm steht das Gras hinterm Haus, er weiß nicht, dass der Bruder da sitzt, im Gras, der Kleine, er lässt die Sense schneiden. Sie können den Arm des Jungen nicht mehr retten, aber er wird einmal alles lernen: zu schreiben, das Vieh zu besorgen, Schuhe zu binden, und später die Krawatte. Und sterben. Als ein Pferd ihn tritt im Stall, so dass er liegen bleibt.
Alle Bilder hat sie im Kopf. Die Tage, an denen sie loslief, vorlief, zur Landstraße. Da fuhren Automobile vor-

bei, darin saßen Frauen, die großkrempige Hüte trugen. Schattige Alabastergesichter darunter, gestärktes Weiß aus der Stadt fuhr vorbei. »Ach, wenn du man so bloß fahren könntest«, hat sie gedacht.
Die Trümmer rauchen noch, als Charlotte Petzel sich Mehl ins Haar stäubt, sich Schwarzes überwirft, die Eltern zurücklässt und zurückgeht nach Ducherow.
Der Tag, an dem Fritz und Stefan das Haus verlassen müssen, um nach Hause zu fahren, ist voller Tränen. »Wir weinten alle bitterlich.«
1946 kommt Charlotte Petzels Mann nach Hause. Ihr Schwiegervater muss in die LPG eintreten, bekommt ein bisschen Land dafür, aber wenig zum Schlachten. Monate vergehen, Jahre vergehen. Da wird Charlotte Petzel eines Tages auf die Gemeinde bestellt, so sagt man hier: auf die Gemeinde gehen.
Sitzt ein Mann hinterm Schreibtisch, bräsig sitzt er da und schiebt einen Briefumschlag in ihre Richtung. In der Bewegung liegt etwas Abfälliges.
»Sagen Sie mal, Frau Petzel, wie kommen Sie zu so was hier? Treten Sie man näher …«
Sie tritt näher.
Erkennt die Schrift, Fritzens Schrift, kein Zweifel, Fritz!
»Tja, wie kommt man zu so was?«
Da steht geschrieben:
»Fam. Petzel, Ducherow, Adolf-Hitler-Str. Nr. 5«.

*Die zweite Nacht vom 29.–30.4.*

*Da wir nun die Gefahren kannten, rückten wir mit all' unseren Hausgenossen zur Nacht eng zusammen. Ich muss hier wohl erst mal einfügen, wer zu unseren damaligen Hausgenossen gehörte. Also: 1) Herr und Frau Rektor H e l b i g mit Tochter Dora und Söhnen Ulrich, Konrad, Siegfried und Klaus, außerdem ihre Stütze Käthe. 2) Herr und Frau R i e s k e aus Schloßberg in Ostpreußen mit den Schwiegertöchtern Irma und Meta, deren Vater und 3 Kindern. 3) Herr und Frau D i l l aus Stettin. 4) Fräulein Marie S c h r e i b e r, Frau Grete Schreiber und 3-jährigem Söhnchen Klaus und ihrem Schwager, Herrn L i n d t. 5) Frau N a g g e r t mit gelähmter 30-jähriger Tochter Erika, die in der ersten Schreckensnacht zu uns geflüchtet waren und im ganzen 6 Wochen bei uns blieben. 6) Frau S t r u t z mit ihren Töchtern Erna, Dorchen und Christel (von 11 bis 4 Jahren). 7) Frau Rittergutsbesitzer K r ü g e r aus Schlagenthin, die schon seit 8 Wochen bei uns ist. Mit Annchen und uns Beiden bestand unsere Hausgemeinde damals*

*Die Bewohner des Ducherower Pfarrhauses am 19. April 1945. Ernst und Maria Meinhof stehen in der hinteren Reihe rechts. In der mittleren Reihe sitzt Frau Rittergutsbesitzer Krüger, daneben Gustav und Emma Rieske (von rechts).*

*aus 33 Personen. Wir alle, außer Herrn Lindt und Schreibers, saßen in der zweiten Nacht alle in unserem kleinen Wohnzimmer im Dunkeln beisammen und warteten der Dinge, die da kommen würden. Wir hielten still unsere Abendandacht und sprachen die Lieder, die wir sonst so gerne gesungen hätten. Aber wir durften ja nicht auffallen. Sobald wir Männerschritte nahen hörten, wurden die jungen Frauen und jungen Mädchen versteckt, unterm Tisch, unterm Schreibtisch, hinter den Sesseln usw. Gott sei gedankt, sie sind auch nicht entdeckt worden.*

*Um Mitternacht kamen mit furchtbarem Getöse 16–20 schwere Lastkraftwagen und Personenwagen auf unseren Hof gefahren, der dadurch taghell erleuchtet wurde. Die Autos fuhren einfach unseren Gartenzaun kaputt und parkten unter der Linde. Plötzlich ein furchtbares Getöse an der Haustür. Herr Lindt, der Dolmetscher, bemühte sich, die Russen abzuwehren. Es gelang nicht, schließlich schlugen sie die Glasscheibe an der Haustür kaputt und schlossen selbst die Tür auf. Nun kamen die Russen wieder, wie in der ersten Nacht, und Trupps von 2–4 Soldaten in unser Wohnzimmer hinein, leuchteten in jede Ecke, gingen in unser Schlafzimmer bis zu Frau Krüger, die in Evis Zimmer wohnt. Als sie die weißen Haare sahen, sagte manch' einer auf Russisch: »Altes Großmütterchen, schlaf, schlaf.«*

*Manche Russen gingen auch wieder durch alle Zimmer, in den Keller und auf den Boden, und räumten die Schränke, Kommoden und Koffer aus. Es ging auch in dieser Nacht wieder Vieles verloren. Gegen Morgen ließ die Unruhe nach und wir schliefen alle noch ein Weilchen, angezogen in unseren Betten. Eine aufregende Szene vergaß ich noch. Einem russischen Offizier fiel der 17-jährige Ulrich Helbig auf. Er zeigte auf die neben Ulrich liegenden Rucksäcke, die aus grün-braunem Tarnstoff genäht waren, und fragte immer wieder: »Soldat?« U. Helbig verneinte, es wären nicht seine Ruck-*

aus. Es ging auch in diesem Krieg wie der Willes [?] verloren, Gegen Morgen ließ die Unruhe nach u. wir schliefen alle noch ein Weilchen, angezogen, in unseren Betten. Eine aufregende Szene gab es [?] noch. Einem russ. Offizier fiel der 14-jährige Ulrich Hallig auf. Er zeigte auf die neben U. liegenden Rucksäcke, die aus grün-braunem Zeltstoff genäht waren u. fragte immer wieder: „Soldat"? U. Hallig verneinte, es wären nicht seine Rucksäcke u.s.w. Der Offizier wurde immer unergiftiger, Herr Hallig faßte seinen Jungen um d. Schulter: „Mein Sohn, kein Soldat!" Aufregende Minuten durchaus wollte d. Offizier den Jungen mitnehmen, endlich, endlich, ließ er von ihm ab.

<u>Der 30. April.</u>

Am anderen Morgen (sagen Stand [?])

*säcke usw. Der Offizier wurde immer energischer. Herr Helbig fasste seinen Jungen um die Schulter: »Mein Sohn, kein Soldat.« Aufregende Minuten; durchaus wollte der Offizier den Ulrich mitnehmen, endlich, endlich ließ er von ihm ab.*

*der 30. April.*

*Am anderen Morgen stand ein Posten vor unserem Haus, um die vielen Lastkraftwagen mit Munition, die auf unserem Hof standen, zu bewachen. Immer wieder gingen Russen durch unser Haus. Allmählich bemühten wir uns, die ausgekramten Schubfächer und Koffer und Kisten im Keller und auf dem Boden wieder einzupacken. Es war ein unglaubliches Durcheinander. An einem schwarz-weißen Kleid von Tante Thiele erkannte ich, wessen Koffer ausgepackt waren, andere Gegenstände erinnerten an Hahns, dazwischen unsere Sachen. Als ich die Koffer wieder einpackte, wurden sie nur noch halb voll, so viel war gestohlen worden.*
*Am Montagnachmittag hörten wir plötzlich ein furchtbares Kindergeschrei an unserem Teich. Frau Schöttler war in ihrer Verzweiflung (die Russen verfolgten sie) ins Wasser gegangen und rief Ernst, der sie retten wollte, zu: »Werfen Sie mir meine Kinder nach«. Nach vieler Mühe konnte Frau Sch. gerettet werden. Aber in ihre Wohnung konnte sie nicht zurück, da konnte man nicht treten vor Bettfedern, Wäsche usw. Alles lag durchein-*

*ander, die Federbetten waren aufgeschlitzt, die Möbel zerschlagen.*
*Ebenso sah es noch in vielen anderen Wohnungen hier aus. Am schlimmsten hatten die Russen in den verlassenen Wohnungen gehaust und geplündert. Es waren ja so viele Ducherower geflüchtet, manche nur für ein oder zwei Nächte in den Wald, andere mit dem Flüchtlingszuge oder mit dem Flakzuge, der 1 1/2 Tage vor der Russenbesutzung von hier abfuhr. Sie sind jetzt (nach 6 Wochen) noch nicht zurück, eine schwere Sorge für die Angehörigen.*

## *»Bei uns unterm Steg liegt ein Baby«*

Hilde Wolf

Meine Großmutter hat nicht aufgeschrieben, was geschah, als sie die Frau aus dem Wasser gezogen hatten. Vielleicht hat sie es nicht gesehen. Vielleicht nur gehört, und es war nichts, was sie hätte zu Papier bringen können. Hilde Wolf aber hat es gesehen und hat es gehört: Sie haben die Frau rausgezogen, sagt sie, aus dem Teich, ihr auf der Wiese die Kleider vom Leib gerissen und sie vergewaltigt. Wie viele es waren, weiß sie nicht mehr. Vier, fünf vielleicht.

Als sie die Schreie hörte, ist sie in den Schuppen im Garten gelaufen. Durch eine Ritze in der Tür hat sie es gesehen. Die Frau, sagt sie, hatte ein kleines Mädchen auf dem Arm, als sie ins Wasser lief, und am Ufer schrieen ihre beiden Jungen.

Hilde Wolf kann erzählen. Sie lebt noch in Ducherow. Früher wohnte sie am Bauernpfuhl. Das ist der Teich, der zwischen Pfarrhof und Hinterstraße liegt. Damals ertränkten sie da die jungen Katzen und Hunde, die keiner haben wollte.

*Hilde Wolf*

Der Garten ihres Elternhauses reichte bis hinunter ans Wasser, und der Pastorgarten auf der anderen Seite reichte auch bis hinunter ans Wasser. So geschah es, dass an Sommerabenden ein Luftzug manchmal die Stimmen des einen Gartens in den anderen trug – und umgekehrt. Sacht nur, und in ihrer Erinnerung hatte das etwas Beruhigendes.
Wie kann einem Ort so Gegensätzliches anhaften: das Schöne wie das Schreckliche? Hilde Wolf fragt sich das manchmal. Sie wohnt schon lange bei ihrem Ältesten und dessen Familie. Doch hinter alles, was sie erzählt, schiebt sich noch immer dieser Teich, wie eine willige Kulisse, vor der die Dinge ihren Lauf nahmen.
Auch hatte der Teich einen Steg. Der Steg war schmal und aus Holz. Im Sommer roch er nach Hitze und Staub und Teer. Im Winter nur nach Teer. Im Frühjahr 1945 roch er nach Sterben.
Nach Sterben?
»Nach Sterben, ja.«
Hilde Wolf erzählt von dem Morgen, an dem ihr Vater ins Haus stürzte und weinend rief: »Bei uns unterm Steg liegt ein Baby. Es hat ein blaues Hemdchen an.« Es hatte ein blaues Hemdchen an, aber sie konnten das Kind trotzdem nicht identifizieren, ein blaues Hemdchen sagt nicht viel. Särge gab es nicht, aber Hildes Vater war in Übung. Für sein Enkelkind hatte er auch einen bekommen. Das lag nur ein paar Wochen zurück.

Als hätte der Krieg ihm die Aufgabe zugeteilt, Kindersärge zu beschaffen, wo es keine gab. Er bekam einen Sarg, und sie setzten das fremde Baby auf dem Friedhof bei.

Ein anderer Morgen. Hilde Wolf kommt aus dem Haus, da liegen über dem Steg acht Körper, bäuchlings liegen sie da.

Und der Friedhof. In diesen Wochen kamen sie nicht hinterher mit dem Graben. Einmal, sagt Hilde Wolf, stand der Friedhofsgärtner vor ihrer Tür. Friedhofsgärtner Mirr, und bat um Leinen und Tuch. Er weinte. Er sagte, dass er nicht mehr auf den Friedhof wolle. Jeden Morgen lagen drei, vier Babys vor der Pforte. Tote Säuglinge von den Trecks. Die Menschen mussten weiterziehen. Manchmal knieten Frauen dabei, Frauen wie Schatten, und konnten sich nicht losreißen. Was sollte er tun? Er ging, um bei den Leuten um Laken zu bitten, damit er die Kinder nicht in bloße Erde legen musste.

Das geschah im Januar und Februar 1945. Hilde Wolf gab die Laken und ahnte nicht, dass sie bald ihr eigenes Kind würde lassen müssen.

Er hieß Bolko. Sie brachte ihn am 9. Dezember 1944 auf die Welt. Er maß 61 Zentimeter und wog an die neuneinhalb Pfund, ein prächtiger Junge. Sie hatten aber keinen Namen für das Kind. Ihr Mann war Soldat in Norwegen und schickte Pakete: Spinat in Dosen und Fisch in Dosen und Streichhölzer und Kerzen. Aber einen Namen schickte er nicht. So entschied die Hebamme, dass er Bolko heißen sollte.

Klingelt eines Abends eine Frau an der Tür. Sie kommt von Danzig, ist halb erfroren. Dem Kind, das sie trägt, ist die Windel steif geworden am Po. Wie lange wird es leben? Wie lange wird sie leben, denn beide sind krank, haben einen Ausschlag. Mögen die Windpocken gewesen sein. Hilde Wolf bittet sie rein, in die Stube, wo es warm ist, natürlich bittet sie sie rein.

Da sieht die Frau den Kleinen im Bett, den Bolko, beugt sich über ihn, voll Staunen tut sie's, und sagt: »Is dat man 'n Söten.«

So hat sie ihn angesteckt. Hilde Wolf wiederholt den Satz, als sei er soeben zum erstenmal gesprochen worden: »Is dat man 'n Söten. So 'n Süßer, Sie verstehen doch Platt?«

Dann schweigt sie, aber es ist kein Groll in diesem Schweigen. Es war Krieg.

Bolko fieberte die Nacht, bevor er starb. Sie holten den Pastor zur Nottaufe. Als die Uhr auf neun ging, hat Bolko die Augen zugemacht. Es war der 21. März. Und der Großvater fuhr los, den Sarg zu besorgen, dass Bolko nicht sollte nackt in die Erde gelegt werden. Der Sarg war weiß.

Wenn Fliegeralarm kam und die Bomber ein bisschen fallen ließen von dem, was für Anklam und Swinemünde bestimmt war, stieß die Wucht die Türen auf im Haus. Dann ist Hilde losgelaufen, zum Friedhof, in der Nacht sogar. Sie wollte nicht, dass es ihr Kind zerfetzte. Es sollte nicht zweimal sterben.

Kommt ihr Mann aus der Gefangenschaft. Tritt in die Tür, voller Erwartung, und fragt: »Wo ist mein Bolko?« Er hat ihn nie gesehen.

Nach dem Krieg, 1948 war das, fand Hilde Wolf in einer vergessenen Schublade einer vergessenen Kommode einen alten Film, nicht entwickelt. Beinahe hätte sie ihn weggeschmissen, brachte ihn aber doch zum Fotografen und ahnte nicht, dass sie ihr Lebensgeschenk bekommen würde: ein Bild ihres kleinen Sohnes. Jemand, wer es war, weiß sie gar nicht, vielleicht einer ihrer Onkel, hatte ihr Baby fotografiert, kurz bevor es starb.

Nach dem Krieg ist Hilde Wolf Kindergärtnerin geworden. Sie hat noch eine Tochter zur Welt gebracht, und die hat auch Kinder zur Welt gebracht, die auch Kinder zur Welt gebracht haben. Jetzt ist es eine große Familie. Wenn es Abend wird, sitzt Hilde Wolf oft in ihrer Stube, im Sessel, und strickt Socken. Ihren Kindern hat sie gesagt: »Wenn ich tot bin, dann habt ihr wenigstens noch für ein paar Jahre Socken.«

Dreht sie den Kopf nach links, hat sie das Bild von Bolko im Blick. Es steht auf der Anrichte in einem feinen Rahmen. Aber sie muss gar nicht hinsehen, sie kann das Bild auswendig. Oder sollte man sagen: Es ist in ihr?

Bolkos Grab ist lange schon eingeebnet. Wo das Grab war, ist jetzt ein Weg. Manchmal lässt sie sich zum Friedhof fahren und harkt den Weg. An der Stelle, wo er gelegen hat.

*Am 1. Mai*

*In der Nacht zum 1. Mai saßen wir Hausgenossen wieder alle im Wohnzimmer beisammen. Die Russenbesuche waren nicht mehr ganz so häufig. Ein Russe bedrohte unsere alte liebe Frau Krüger mit dem Revolver: »Gib Handurr, oder ich schieße«. »Dann schieße doch, ich habe keine Uhr mehr, Popolsky weggenommen«. – Im Dorfe hörte man noch von weiteren Selbstmorden und furchtbaren Quälereien, die die Russen wieder verübt hatten. Besonders gewütet hatten sie im Schloss. Unser armer Herr Graf hauste nur noch in einem kleinen schmalen Zimmer im Erdgeschoss seines Schlosses, zusammen mit Fräulein Rückert und Frau Brehmer. Sowohl der alte wie der junge Herr Graf besaßen und besitzen an Kleidung nur noch das, was sie gerade auf dem Leibe tragen.*

*Am 2. Mai*

*In der Nacht, die wir wieder alle zusammen in unserem Wohnzimmer verbrachten, ließen die Russenbesuche*

*schon mehr nach. Auf Einzelheiten dieses Tages kann ich mich nicht mehr besinnen. Am Abend schliefen 3 recht höfliche Belgier in unserem großen Zimmer. Gegen 8 Uhr kamen auch noch 6 Russen, die bei uns übernachten wollten. Sie gingen einfach quer durch ins Rosenzimmer, sagten zu Familien Strutz und Naggert: »Raus«, und ließen sich da häuslich nieder. Die sechs Vertriebenen wurden im kleinen Wohnzimmer untergebracht. Die Russen bestellten sich einfach bei uns ein gutes Abendbrot und zum anderen Morgen ein gutes Frühstück. Bei diesen beiden Mahlzeiten haben sie uns 30 Eier, Wurst, reichlich Butter und Brot aufgegessen, was wir gewiss nicht im Überfluss hatten.*
*Unser großes Zimmer sieht gar nicht mehr so hübsch aus, seit es Russenquartier mit 3 Chaiselongues ist. Manchmal kommen die Russen noch ganz spät und wollen bei uns essen und übernachten. Beim Kochen und Gemüseputzen helfen dann alle Flüchtlingsfrauen tatkräftig mit, besonders Fräulein Schreiber. Eines Abends 8 Uhr kamen 8 Russen und bestellten sich ein Abendessen bei uns, ziemlich trockenes Rindfleisch brachten sie mit. Wir wollten so gerne aus ihnen herauskriegen, ob sie auch bei uns übernachten wollten. Sie äußerten sich aber nicht. Um 12 Uhr, als wir gerade im ersten Schlaf lagen, klopft es wild an unsere Wohnzimmertür. Wir zogen uns schnell an. Das Klopfen wird immer stärker, schließlich verstehen wir das Wort*

*»Decken«. Also wollten sie doch hier übernachten. Vati wollte ihnen 2 Decken durch die Türritze reichen, sie stießen aber Vati mit den Decken zur Seite, gingen in unser Schlafzimmer, nahmen aus Vatis Bett bis zum Laken alles heraus, Daunendecke, Kopfkissen, Deckbett, aus meinem Bett noch die Daunendecke und aus Annchens Bett auch noch das Deckbett, Kopfkissen und Laken. Hiermit machten sie sich ihr Lager fertig und packten am anderen Morgen alles auf ihr Auto und sausten davon. Am meisten vermissen wir unsere schönen weichen bunten Daunendecken, unter denen wir über 30 Jahre lang so behaglich und warm geschlafen haben.*
*Am Abend des 2. Mai nach der Andacht erzählte Herr Rektor Helbig, dass in einem Zimmer bei Gastwirt Treetz 14 verwundete deutsche Soldaten lägen, ohne jegliche Versorgung.*

## *»Wo deine Tochter?«*

Rosemarie Treetz

Man muss mit Paul Treetz beginnen.
Weil die Erinnerung an ihn etwas Wärmendes hat.
Weil der Gasthof ihm gehörte.
Weil Paul Treetz ein Original war.
Sagt Rosemarie, seine Schwiegertochter. Rosemarie Treetz, geborene Fiedelmann. Er nannte sie: »De Gnädig'«, die Gnädige. Und darin steckte nichts als Zuneigung.
Niemand, außer seiner Frau, hat Paul Treetz je ohne Hut gesehen. Der Hut war ihm wie festgewachsen am Kopf. Nur im Bett nahm er ihn ab. Dann staubte es ein bisschen. Der Hut war breitkrempig und aus Filz. In der Krempe floss ein lockerer weißer Fluss aus Mehl, denn Paul Treetz hatte eine Mühle in der Scheune stehen. Da schrotete er manchmal, so nebenbei, für die Nachbarn.
Niemand hat ihn je ohne seine Flasche gesehen. Nun war er kein Trinker, gewiss nicht. Mit einem halben Liter Schnaps reichte er genau eine Woche. Er betrank sich nie vor seinen Gästen und nie vor seiner Frau. Und

wenn es doch mal übers Maß ging, nu, Paul, nu trink man, auf einem Bein kann man nich stehn, wie es so ist im Gastgewerbe, dann zog er sich beizeiten zurück. Er hatte es im Gefühl, wie lange er noch aufrechten Ganges den Tisch würde verlassen können.

Er ging, wenn das Lachen schäumender und die Witze derber wurden. Wenn der Rauch von Zigarren und Pfeifen stoßweise unter die Lampen quoll und die Augen zu tränen begannen, zog er sich zurück, ohne dass die Umsitzenden später den genauen Zeitpunkt seines Verschwindens hätten benennen können.

Denn darin lag seine Kunst: so viel Anwesenheit zurückzulassen, dass jeder dachte, Paul sehe nur mal eben nach dem Rechten und komme gleich zurück. Er kam aber nicht zurück. Er schlief seinen Rausch aus, im Heu. Denn einen Rausch schläft man im Heu aus. Mit einem Rausch belästigt man nicht seine Frau, im Bett schon gar nicht.

Und während er lange schon schlief, taumelte ein jeder Gast in der Gewissheit nach Hause, er habe den ganzen Abend mit dem Wirt gesoffen. Saufen ist schändlich, aber mit dem Wirt saufen adelt, in gewisser Weise.

Wer gesehen hat, wie Paul Treetz sein Pferd noch einmal zwang, in die Gegenrichtung zu traben, ins Dorf hinein anstatt heraus, am 28. April, später Nachmittag, im Geschützdonner, kein Mensch auf der Straße, nur die Wagen der Flüchtlinge vorm Gasthof, der wusste, dass die

Umkehr nur einen Grund haben konnte: Paul Treetz hatte seinen Schnaps vergessen, seinen »Schluck«, wie er es nannte, und die Zigarren. Es schien ihm unmöglich, die Sowjets in nüchternem Zustand zu empfangen. So hat er es später erzählt. Für einen Schluck setzt man schon mal sein Leben aufs Spiel.

Zur gleichen Zeit, als Paul Treetz im Geschützdonner seinen Schluck holte, bereitete sich auch Bauer Fiedelmann mit seiner Familie auf den Einmarsch der Roten Armee vor. Sie dachten jedenfalls, dass sie sich vorbereiteten. Auf das, was geschehen sollte, konnten sie sich aber nicht vorbereiten. Niemand hätte das können.

Der Fiedelmann'sche Hof gehörte zum Ort Alt Kosenow. Von Ducherow sind das nur ein paar Kilometer die Landstraße nach Anklam entlang. Da gab es drei Gehöfte: den Agneshof, den Kastenberg und den Fiedelberg. Der gehörte Fiedelmanns. Deshalb hieß er Fiedelberg.

Auf dem Hof lebten zusammen: die Eltern Fiedelmann mit ihren zwei Töchtern Rosemarie und Erika, Großvater Karl Fiedelmann, zwei Ukrainerinnen und Wladimir, ein Physiklehrer aus Weißrussland, mit seinem Sohn. Sie waren Zwangsarbeiter.

»Frugens, hürt up«, sagte Vater Fiedelmann, wenn er sah, dass die beiden Frauen bis in den Abend hinein nähten und wuschen und kochten, ohne eine Pause zu machen. »Wenn wir in Gefangenschaft wärn, da wollten wir ok nich nur arbeiten.«

Rosemarie hat diesen Satz noch im Ohr. Und auch einen anderen Satz des Vaters hat sie im Ohr: »Wladimir hat mir das Leben gerettet.« Diesen Satz. Die Geschichte, wie Wladimir dem Vater Fiedelmann das Leben rettete, muss mit der »Flugwache« beginnen:
Der Fiedelberg war von Feldern umgeben. Richtung Norden, mitten im Acker, gab es einen Unterstand. Was aus dem Acker herausguckte, war ganz aus Glas gearbeitet, unter der Erde aber lag ein kleiner Bunker. Vier Mann hatten Platz darin. Zwei schliefen, und zwei beobachteten den Himmel. Tag und Nacht im Wechsel. Das war die Flugwache. Die Wehrmacht hatte sie 1939 in den Acker gebaut. Die Soldaten, die dort Wache schoben, sollten die »feindlichen Überflüge« zählen.
Zur Flugwache gehörte auch ein Waffenraum, der war in Fiedelmanns Haus untergebracht, hinter des Großvaters Zimmer. Durch sein Zimmer mussten die Soldaten hindurch, wenn sie an ihre Waffen wollten.
Wenn ein Soldat durch sein Zimmer kam, sagte Karl Fiedelmann stets ein und denselben Satz: »Ja, ja«, sagte er, »jetzt lopt ihr da na de Flugzeuge und kiekt dor no hen, aber ihr krukt da noch eis vör ins Musloch, wenn ihr bloß rinkämt ...«* Und dabei schüttelte er den Kopf. Er

* »Ja, ja, jetzt lauft ihr nach den Flugzeugen und guckt da noch hin, aber ihr werdet davor noch mal ins Mauseloch kriechen, wenn ihr bloß reinkämt ...«

war im Ersten Weltkrieg Soldat gewesen und kannte den Unterschied zwischen Sterben und Krepieren. Er hatte das Wort Angst buchstabiert.

Aber Erika und Rosemarie liebten das Leichte. Sie waren jung. Die Flugwache mitsamt den Soldaten war ihnen eine fröhliche Abwechslung. Abends sind sie noch manchmal zu ihnen gegangen, haben ihnen Bratkartoffeln gebracht und erzählt. Rosemarie Treetz nennt das »dusselig quatschen«. Was haben wir da dusselig gequatscht, sagt sie.

»Ja, wenn das nun Krieg sein soll?«, sagte Rosemarie zu Erika.

»Ja, wenn das nun Krieg sein soll?«, sagte Erika zu Rosemarie. Rosemarie war zwanzig, als der Krieg zu Ende ging, Erika war vierundzwanzig.

Was der Großvater mit seinem Satz von dem Mauseloch gemeint hatte, wussten die beiden Schwestern in genau dem Moment, als die Soldaten der Roten Armee auf den Fiedelberg kamen.

Rosemarie und Erika rannten los, über die Äcker, und als sie rannten, hörten sie Schüsse und Schreie und dann eine gewaltige Detonation. Aber da waren sie schon weit genug. Was auf dem Fiedelberg geschah, haben die Eltern ihnen später erzählt:

Die deutschen Soldaten der Flugwache sind längst geflohen, als die Rote Armee kommt. Nur einer, der geblieben ist. Er hat eine Handgranate. Er hat eine Frau und zwei kleine Kinder. Die sind aus dem Dorf zu ihm geflüchtet, auf den Fiedelberg. Eines der Kinder schläft, das andere ist wach. Sie liegen in einem Bett in Fiedelmanns Schlafzimmer. Als die Rotarmisten auf den Hof kommen, rennen Vater und Mutter in Fiedelmanns Schlafzimmer zu ihren Kindern.

Der Mann fasst die Frau um.

Zieht die Granate ab.

Die russischen Soldaten rennen vom Hof, rennen in Panik, kommen zurück, kommen ins Schlafzimmer, Gewehr im Anschlag, und befehlen:

»Wischt das weg!

Macht das sauber!

Begrabt das!«

Erich Fiedelmann nimmt den Vater von den Wänden, und nimmt die Mutter von den Wänden, und von der Decke.

Und wischt das weg.

Macht das sauber.

Und begräbt das.

Aber die Kinder schreien, denn die Kinder leben.

Dann finden die russischen Soldaten den Waffenraum im Haus, holen Erich Fiedelmann, stellen ihn an die Wand, legen an. Sagen: »Dein Haus, dein Gewehr!« Legen an, wollen schießen. Wladimir kommt, redet nicht, schreit, wirft sich dazwischen, so lange, bis die Soldaten ihre Gewehre sinken lassen.

»Wo deine Tochter?«, fragen die Soldaten den Bauern Erich Fiedelmann.

Die Töchter sind im Dargibeller Wald und halten sich mit anderen Flüchtlingen versteckt. Irgendwann wagen sie sich wieder auf die Straße und ziehen los, Richtung Ferdinandshof.

Da kommen ihnen Rotarmisten entgegen. Rosemarie rennt auf den Acker rechts der Straße, Erika rennt nach links.

Rosemarie rennt in die richtige Richtung, Erika in die falsche.

Rosemarie rennt zu einem Bauern, der sie auf seinem Heuboden versteckt.

Erika fällt den Soldaten in die Hände.

Rosemarie liegt im Dunkeln, im Heu.

Erika muss überall liegen.

Rosemarie bekommt zu essen und zu trinken, aber sie kann nicht essen, nicht trinken, vor Angst.

Erika bekommt eine Schaufel und muss Tote vergraben.

Rosemarie liegt starr im Heu, wenn sie die Stimmen der Soldaten hört. Weicht aus, wenn lange, spitze Stangen sich von unten durchs Heu bohren, als wollten sie einen Kuchen prüfen, ob er durchgebacken ist.

Jest kto-ni-budj?

Ist da wer?

Rosemarie finden sie nicht. Aber Erika findet etwas Scharfes und schneidet sich die Adern auf. Da lässt man sie laufen.

Nach drei Wochen traut sich Rosemarie aus ihrem Versteck und läuft nach Ducherow, zum Gasthof. Treetzens und Fiedelmanns kennen sich gut, seit Jahren. Sie läuft dahin und bleibt. Sie trifft ihre Eltern wieder und erfährt, dass die Brüder ihrer Mutter, sie wohnten in Neu Kosenow, mitsamt ihren Familien nicht mehr am Leben sind.
Onkel Karl hatte eine Wirtschaft und erschoss, als die Rote Armee kam, seine Frau, seinen Sohn, seine Tochter und sich selbst. Er gehörte zur Reiter-SS.
Fritz gehörte zur Reiter-SS. Er hatte einen Laden und war Friseur. Er erschoss seine Mutter, seine Frau, seinen Sohn, dann sich selbst.
Rosemarie bleibt im Gasthof und wartet, dass Bruno aus dem Krieg zurückkommt, Paul Treetzens Sohn. Eines Tages steht Bruno vor der Tür. Aber er ist wie ein anderer. Er ist blind. Im Herbst 1945 heiraten sie.
Eines anderen Tages kommt Rosemarie ins Gastzimmer und spürt, dass noch jemand da ist, obwohl sie niemanden sieht. Dann, hinter einem Schrank, in der Ecke, steht Erika, die Schwester. Sie schauen sich an und schauen sich an, und Rosemarie kann sehen, was ihrer Schwester geschehen ist, ja, wenn das nun Krieg sein soll …
Später wird Erika bei Doktor Lunderstädt arbeiten. In seiner Praxis im Dorf ist eine Geburtsstation eingerichtet. Es sind viele, die dort Kinder zur Welt bringen.
In der Küche des Gasthofs kocht jetzt ein russischer

Koch. Er ist stämmig und hat rote Haare. Er kocht für die Soldaten, die tagsüber die Sägewerke der Umgebung abmontieren und Holz machen im Wald. Der rothaarige Koch gibt von jedem Gericht zuerst dem Blinden. Einen Teller voll, und reicht ihm einen Löffel. Bruno kann nur mit dem Löffel essen.

Wenn die Soldaten, die zum Essen kommen, sich dem Haus nähern, macht der Koch mit Töpfen und Schüsseln einen solchen Krach, dass die Frauen im Haus genügend Zeit haben, sich in Sicherheit zu bringen. Er spürt ihre Angst.

Viehherden werden am Haus vorbeigetrieben. Einmal sind es so viele Tiere, dass Rosemaries Schwiegermutter es wagt, sich hinter den Zaun zu stellen, die Pforte zu öffnen und zu rufen: »Olsch, kumm! Olsch, kumm!« Emma Treetz hat den richtigen Ton für Tiere. Und eine Kuh trottet durchs Tor. Sie ist nur dreistrichig. Vierstrichig ist eine Kuh, diese aber ist dreistrichig und gibt doch Milch genug.

Was der Hof hergibt, müssen sie bei der Kommandantur abliefern. Wenn der Hof nichts hergibt und sie nichts abliefern können, wird einer vorgeladen. Paul Treetz schickt seinen blinden Sohn. Wenn die Soldaten den Blinden sehen, sagen sie: »Treetz, geh nach Haus.« Und Treetz geht nach Haus, mit dem Hund, der ihn führt.

»Was haben sie gesagt?«, fragt der Vater.

»Treetz, geh nach Haus«, sagt der Sohn.

»Nichts weiter?«

»Nichts weiter.«

Sagt der Vater: »Was hatten wir auch in Russland zu tun.«

Rosemarie Treetz ist jetzt 79 Jahre alt. Sie allein ist übrig geblieben. Erika ist tot. Paul Treetz starb 1968, Emma 1976. Bruno 1990.

Vor fünf Jahren hat sie den Gasthof an ein junges Ehepaar verpachtet. Sie haben ein gutes Verhältnis miteinander. Einen Teil des Landes, das einst Paul Treetz gehörte, hat sie an den »Plus« verkauft. Sie konnte es einfach nicht mehr ertragen, dass jeder irgendetwas ablud, heimlich, auf ihrer Wiese neben dem Haus.

Standen Container drauf, vom Roten Kreuz, lagen bald überall aufgeschlitzte Säcke herum, blaue Folie stob übers Gras im Wind und ratterte an den Zäunen. Ein Zirkus hinterließ einen Teppich. Der lag wohl drei Jahre. Nun steht der Supermarkt auf der Wiese, und da, wo Emma Treetz einst die Kuh in den Garten lockte, ist alles schön asphaltiert.

»Du verscheuerst Paul Treetz sein ganzes Land«, sagt Rosemarie Treetz manchmal zu sich selbst. Was er wohl dazu sagen würde? Der Alte mit dem Hut voller Mehl. Am Ende würde er es gutheißen, was die Gnädige aus dem gemacht hat, was er ihr hinterlassen hat. Am Ende fand er immer gut, was sie machte.

Rosemarie Treetz hat noch zehn Hühner, 15 Tauben und

einen Hund auf dem Hof. Sie hilft den jungen Pächtern, wo sie kann. Nachtgästen macht sie das Frühstück. Es kommen viele Leute ins Haus.

Manchmal kommt eine Frau und sammelt Geld für die »Volkssolidarität«. Sie kennen sich seit langem. Nein, vielleicht sollte man sagen: Sie wissen voneinander. Seit 60 Jahren wissen sie voneinander. Die Frau war eines der Kinder, die im Schlafzimmer auf dem Fiedelberg geschrien haben.

Die beiden müssen keine Worte machen.

Was gibt es auch zu sagen?

Sie haben sich wortlos aufs Schweigen verständigt.

*3. Mai*

*So zog ich mir gleich am anderen Morgen meine Rotkreuzschwesterntracht an, besorgte mir einen Erlaubnisschein in russischer Sprache, bewaffnete mich mit einer großen Milchkanne voller Kaffee und ging zu Treetz. Ich begrüßte die lieben deutschen Soldaten im Namen des Roten Kreuzes von Ducherow, dankbare Blicke und Händedrucke erwiderten meinen Gruß. Die armen lieben Jungs und Männer im Alter von 16 bis 45 Jahren, wie verschmutzt und verkommen lagen sie je zu zweien in einem Bett, an der Erde oder auf viel zu kurzen Sofas herum. Die zerschossenen Arme, Beine und Rücken, nur dürftig verbunden, bluteten und eiterten und beschmutzten die Betten und Inletts. Vier Tage hatten sie schon so ohne jegliche ärztliche Hilfe herumgelegen mit ihren furchtbaren Schmerzen, von einem Ukrainer mit Konserven dürftig ernährt. Nun hatte ich mein reichlich Tun, um etwas Sauberkeit in die beiden Krankenstuben hineinzubringen, was mir nur in geringem Maße gelang. Im Lauf des Vormittags erschien auch*

*Herr Dr. Appel und verband, wohl zum erstenmal sachgemäß, die verwundeten Glieder. Immer wieder besuchten uns Russen, was ja immerhin etwas beunruhigend war. Nach Durchsicht meines russischen Ausweises sagten sie meistens »Gutt« und störten uns nicht weiter. Nach Tisch ging ich ins Schloss, um mir noch einige nötige Gegenstände für meine Soldaten zu erbitten. Aus den von dem Gauleiter und seinem Stab verlassenen Räumen durfte ich mir nehmen, was ich wollte, und so zog ich dann mit einem Gefolge von hilfsbereiten Jungens reich beladen wieder zu meinen Soldaten. Unsere Beute bestand aus Matratzen, Kissen, etwas Bettwäsche, Geschirr und Bestecks. Wir konnten ja alles gebrauchen. Zu Mittag brachte uns eine gute Frau aus dem Dorfe einen Eimer Pellkartoffeln, die Soße dazu wurde bei uns zuhause gekocht; am Abend gab es eine schöne Milchsuppe, die wieder eine andere liebe Frau brachte.*

# *»Gehen Sie zum Markt, nach Anklam, da hängt er …«*

## Der Gauleiter und sein Standgericht

Ursel Klühs

August Winkelmann war Kaufmann. Sein Haus am Dorfplatz prahlte mit stattlicher Größe, es hatte nichts Geducktes, wie die Häuser mancher Bauern im Dorf. Eine tüchtige, um Jahre jüngere Frau war ihm zur Seite. Sie brachte zwei Töchter zur Welt. Gerda und Ursel aber waren dünn wie die Heringe, nach denen es in seinem Laden roch. Sie hatten es nicht mit dem Essen.
»Ich bring' euch nach Mollwitz zu Hasselmanns«, sagte der Vater, wenn Gerda und Ursel im Essen stocherten, und seine Stimme konnte sich nicht entscheiden, ob sie drohend oder schalkhaft klingen wollte, »zu Hasselmanns, sag ich, da lernt ihr essen.«
Um Hasselmanns gab es nun folgende Geschichte: Mollwitz zählte nur fünf Häuser. Aber Hasselmanns zählten zwölf Kinder. Mittags wurde bei Hasselmanns ein Pott Pellkartoffeln auf den Tisch gekippt, ein großer dampfender Berg, der nach Erde roch und ein bisschen nach Fäulnis und Keller und blutleeren Keimlingen. Und doch, ein jedes der zwölf rackte und rackte man bloß, bis

*Ursel Klühs*

auch das letzte runzlige Kartöffelchen verschwunden war.
Der ganze Zauber währte sieben Minuten, und der Vater hatte ihn einmal miterlebt, diesen Zauber, die Zeit gestoppt, voll Staunens. Dieses Zaubers wegen gab es ja den Spruch, den Hasselmannspruch.
Überhaupt, der Vater hatte es mit Sprüchen. Hatte immer etwas Leichtes auf den Lippen. Kam ein Kunde, wollte Hering, fragte er: »Heringe mit Bubikopf oder Heringe mit Hängezopf?« Denn es gab zwei Sorten.
»Herr Winkelmann hat immer ’nen Hasenfuß in der Tasche«, sagten die Leute, lachten und nahmen das Lachen mit nach draußen, auf den Platz, wo es nach kurzem Hall von Leere und Staub geschluckt wurde.
Niemand ahnte, dass es ein Spruch sein würde, etwas Dahingesagtes, das August Winkelmann das Leben kosten sollte. Ein Spruch und ein Sack Salz. Das beides.
Oder mehr?
Warum kam diese Limousine vorgefahren, Franz Schwede-Coburg, Pommerns Gauleiter, mit seinem Chauffeur? Es war das einzige Mal, dass Ursel ihn sah von Angesicht zu Angesicht. Da hatten sie den Vater schon abgeholt. Und sie? Im Fenster gewurzelt stand sie und konnte nichts tun, als der Ortsgruppenführer ihm, dem dekorierten Mann aus Stettin, den Laden aufschloss, der doch verplombt worden war. Warum schleppte der

Chauffeur all die Kisten heraus, mit Whisky, Wein und Zigarren? Was noch da war an Gutem.
Warum?
Durch den Ort wehen Winde aus Eis. Winde aus Eis zerren an den Rauchfahnen, die die Schornsteine zu hissen versuchen, und halten sie flach. Rauchfahnenhäuser sind Kachelofenhäuser, sind Häuser alter Frauen, die noch nicht mit Gas feuern oder Öl. Deren Männer tot sind, deren Kinder und Enkel weit fort, in den Westen gezogen, von der Arbeit in den Westen gezogen.
Ursel Klühs, geborene Winkelmann, wohnt in einem Rauchfahnenhaus auf der Insel Rügen. Sattlermeister Klühs, der ihr Mann war, ist lange schon tot. Sie hatten keine Kinder.
Sie braucht die Wärme des Kachelofens in ihrer Stube, denn Wärme ist gut gegen Schmerzen. Und wenn sie in ihrem Leben etwas über die Maßen zugeteilt bekommen hat, dann: Schmerzen. Ihr Rücken ist krumm, ihre Wirbel kaputt, die Speiseröhre wund und verletzlich wie ein poröser Schlauch. Ein Korsett muss sie tragen, damit sie sich halten kann.
Sie könnte klagen und mit Gott hadern, oder mit den Umständen, oder mit der Zeit, in die hinein sie geboren wurde, mit den Nazis, die ihr den Vater genommen haben. Und auf welche Weise sie ihn genommen haben, auf welche Weise …

*Die Straße, in der Ursel Klühs wohnt*

Aber sie klagt nicht. Ein Gesicht voller Güte. Sie lächelt. Sie behandelt Dinge, Menschen und Tiere auf nachsichtige Weise: den Deckel der Kaffeekanne, der beim Gießen fast herunterfällt: Wirst mir doch nicht herunterfallen, nur weil's so heiß ist.
Und Milling, das Huhn, das am Abend immer ein bisschen bockt, bevor es die Leiter hochgemächelt: Na, Milling, nu man los ... Damit sie zuschließen kann. Vielleicht hat Milling deshalb als einziges der drei Hühner einen Namen bekommen, denn die anderen zwei sind fügsam, nur Milling ist voll Eigensinn.
Doch wenn es um ihren Vater geht, und *wie* sie ihn totgemacht haben, dann verliert ihre Stimme die Balance. Als hätte sich das Entsetzen jener Stunden vor 60 Jahren auf ihren Stimmbändern festgesetzt.

Nach Heringen also roch es im Laden, nach Seife und Tabak und nach dem Öl, mit dem August Winkelmanns Frau an jedem Sonnabend die Dielen bearbeitete, sobald der letzte Kunde gegangen war. Danach war der Boden leuchtend wie verpulverter Safran, wie flüssiger Honig, so weich.
Mühelos konnte man die Tage der Woche an ihrem Geruch erkennen: Rochen Montag und Dienstag noch satt nach dem Öl des Feiertags, so waren Mittwoch und Donnerstag schon alltagsgetränkt. Am Freitag und Sonnabend herrschten unangefochten Hering, Seife und Ta-

bak zusammen mit dem, was die Leute in den Laden trugen: Schweiß und Staub, sauren Atem und Angst, und das Tierische aus den Ställen. Freitag und Sonnabend waren in dieser Hinsicht verwirrende Tage. Am Sonntag aber herrschte wieder das Öl und herrschte die Ruhe, denn den Feiertag sollst Du heiligen, und Winkelmanns heiligten ihn.

So dehnten sich die Tage zu Wochen, die Wochen zu Monaten, die Monate zu Jahren, und es hätte so weitergehen können mit einer kleinen glücklichen Familie, wäre nicht das erste Unheil über sie gekommen. Es beendete für Ursel, was man Kindheit nennt.

Gerda schwächelte so. Gerda, die Ältere, zog Krankheiten nur so an.

Im Haus wohnte auch Lehrer Springmann, oben im Haus, mit Frau und Sohn. Aber Vater und Sohn wurden lungenkrank, Gott weiß, wo sie sich's geholt hatten. Und als sie so lagen und es ans Sterben ging und als die Frau nun viel zu tun hatte mit der Pflege und mit ihrer Angst, da hat sie die Nachttöpfe der Männer aus dem Fenster geleert, nach hinten raus, einfach raus, vom Balkon aus runter in den Hof, den Tod in den Hof gekippt, aber ahnungslos gekippt. Sie war so sauber nicht …

Und unten im Hof spielten Gerda und Ursel.

Also bekam Gerda Tuberkulose. Ursel aber blieb verschont. Gerda wurde in den Schwarzwald geschickt, ins

*August Winkelmanns Laden, in der Tür stehen Ursel und Gerda*

Sanatorium, und in den Harz. Sie galt als heilbar, nein, was die Ärzte nicht alles sagten, es ging Jahre, aber viel Leben war ihr dann doch nicht zugemessen. Die Krankheit ging in den Darm, Haut und Knochen war das Kind. Am Ende mochte sie nur noch Erdbeeren essen.

»Mutti, muss ich sterben?«, fragt sie eines Abends. Anderentags ist sie tot. Und die Mutter: ein Schatten von nun an.

Das war das Ende von Gerda, der Tochter des Kaufmanns August Winkelmann. Sie war gerade 18 Jahre alt geworden. Man schrieb das Jahr 1940.

Es dehnten die Tage sich zu Wochen, die Wochen zu Monaten, die Monate zu Jahren, zu fahlen Jahren. Der

Krieg kehrt nach Deutschland zurück, Bomben fallen auf Städte, Lebensmittel werden knapp. Trecks ziehen durch Ducherow, Flüchtlinge kommen in August Winkelmanns Laden, erzählen, bitten, betteln, bekommen eine Spitztüte Salz und eine Spitztüte Grieß. Jeder bekommt das.

Wird das Salz knapp. Kommt ein Flüchtling, ein Tierarzt aus Litauen, und sagt, dass die Leute dort schon lange kein Salz mehr haben, dass sie Viehsalz nehmen: aufkochen, abschäumen, was unten sich setzt, das kann man nehmen, das tut keinem was. So machen sie's in Litauen.

Wird das Salz knapp. Kommt Frau Peters aus dem Dorf, vom Winterhilfswerk, die kocht für Flüchtlinge und braucht Salz, viel Salz. Winkelmann gibt ihr Salz. Einen Sack Salz. Einen Sack nur? Winkelmann sagt: In Litauen haben die Leute schon lange kein Salz mehr, sie nehmen Viehsalz, und das tut keinem was, aufgekocht, abgeschäumt … So spricht er.

Läuft Frau Peters zum Ortsgruppenleiter, sagt: »Herr Winkelmann bietet uns Viehsalz für die Flüchtlinge an! Er ist ein Volksschädling!«

So stand es später in der Zeitung: »Volksschädling entlarvt.«

Sie holten ihn ab und sperrten ihn ins Spritzenhaus. Das ist das Haus für die Feuerwehr. Da gab es einen kleinen Raum, hinten, der ein Gitterfenster hatte, dahinein

*Die Eltern Winkelmann mit Ursel, Juli 1938 in Swinemünde*

sperrten sie ihn. Und Hertha Winkelmann ging hin, ihm Essen zu bringen. Sie durfte es durchs Fenster reichen. Ihr Ohr am Gitterfenster, sein Mund an ihrem Ohr. Er flüstert: »Hertha, bring' mir meinen Revolver.«
Sie aber sagt: »Einen Anwalt bring' ich dir, einen Anwalt.«

Das waren die letzten Worte, die sie miteinander wechselten. Es war nicht mehr die Zeit der Anwälte. Nur wusste sie's nicht.

> »In einem Punkt ist ihm [dem Angeklagten Dr. Paulick] nun zumindest ein moralischer Vorwurf nicht zu ersparen. Es fällt auf, dass das Standgericht, soweit festgestellt ist, nur in dem ersten verhandelten Falle von der Möglichkeit der Beiordnung eines Pflichtverteidigers Gebrauch gemacht, dagegen in allen anderen Fällen, in denen der oder die Angeklagte keinen Wahlverteidiger hatte, keinen Pflichtverteidiger bestellt hat.«*

Während Hertha Winkelmann nach einem Anwalt suchte, holten sie ihren Mann aus dem Spritzenhaus, brachten ihn nach Anklam und stießen ihn in ein Kellerverlies. Dass sie ihn stießen und schikanierten, hat später der Mann erzählt, der schon drinnen saß, im Verlies. Denn der kam frei und hat es ihnen erzählt.

---

* Am 4. August 1950 wurden der frühere Richter Johannes Paulick und der frühere Staatsanwalt Gerhard Fricke vor dem Schwurgericht Itzehoe freigesprochen. Die Anklage hatte ihnen vorgeworfen, in der Zeit vom Februar bis April 1945 als Richter und Staatsanwalt des »Standgerichtes Pommern« sich durch Verhängung und sofortige Vollstreckung von Todesurteilen, darunter auch der Fall des Kaufmanns August Winkelmann, der Rechtsbeugung und des Totschlags schuldig gemacht zu haben. Die eingerückten Zitate sind der Urteilsbegründung entnommen.

August Winkelmann wurde am 24. März 1945 durch das Standgericht Pommern »wegen Eigennutzes, der die deutsche Kampfkraft und den Widerstandswillen des Deutschen Volkes gefährdet« zum Tode durch den Strang verurteilt.

> »Das Urteil wurde vom Reichsverteidigungskommissar [Gauleiter Schwede-Coburg] bestätigt, der zugleich anordnete, dass die Todesstrafe durch Erhängen vollzogen werde. Paulick war bei der Hinrichtung überhaupt nicht zugegen, Fricke war allein einen abgekürzten Weg gegangen. Seine Tätigkeit beschränkte sich darauf, dass er Winkelmann das Urteil noch einmal vorlas, ihm die Bestätigung des Reichsverteidigungskommissars mitteilte und ihn dann dem Vollstreckungskommando übergab, welches alles Andere machte.«

Das Urteil wurde sofort vollstreckt. Sie führten den Kaufmann zum Markt, Musik spielte dazu, und erhängten ihn an einer Eiche. Vorher banden sie ihm ein Schild um den Hals. Darauf stand geschrieben:
»Ich wurde erhängt, weil ich Flüchtlinge betrogen habe.«

> »Desgleichen lässt sich in dem Falle Winkelmann nicht von einer unerträglichen Diskrepanz von Schuld und Strafe sprechen, da das aufgezeigte Verhalten Winkelmanns eine in hohem Masse verwerfliche Gesinnung zeigt, so dass wegen des Zurückhaltens gros-

ser Bestände verknappter Waren die erkannte Todesstrafe bei der derzeit grossen Notlage keineswegs als völlig unberechtigte Sühne erscheint.«

Man durfte ihn nicht abnehmen. Man musste ihn hängen sehen. Es war zur Abschreckung, dass sie ihn 48 Stunden lang dort hängen ließen.
Kommt in tadelloser Uniform der Ortsgruppenleiter zu Frau Winkelmann und sagt: »Dass ihr Mann tot ist, wissen Sie? Gehen sie zum Markt, nach Anklam, da hängt er.«
Nach 48 Stunden nahmen sie den Leichnam ab, schlugen ihn in eine Plane und gruben ihn unter. Das war das Ende des Kaufmanns August Winkelmann. Drei Tage, und er war tot.
Was er ihnen gesagt hatte, kurz bevor sie ihn abholten: »Ihr müsst weg sein, wenn die Russen kommen, ihr müsst zu Erna nach Rügen.« Das waren seine Worte, und die hatten sie im Ohr. Erna war Hertha Winkelmanns Schwester.
Am 28. April, als die Rote Armee schon kurz vor Ducherow marschierte, lief Hertha Winkelmann mit ihrer Tochter zum Bahnhof, und sie nahmen den letzten Zug, der Richtung Norden ging. Der Zug hatte Personenwagen und Güterwagen und einen Wagen von der Post. War es Instinkt, der ihnen sagte: Dahinein, denn der hat schwere Türen? Wenig Luft und schlechte Luft, nur

Dunkel, aber schwere Türen, die sich schwer öffnen lassen.
Voll der ganze Zug, übervoll mit Flüchtlingen aus dem Osten. Sie stehen und sitzen wie gepökelt, wechseln sich ab mit Stehen und Sitzen. Menschen sterben, bleiben am Bahndamm liegen. Und stirbt das erste Baby, Ursel sieht es sterben, lautlos stirbt es. Das Baby heißt Rosemarie. Es stirbt auf der Höhe von Rosenhagen im Postwaggon. Weil der Zug steht, begraben sie Rosemarie in Rosenhagen – und fahren weiter.
Vor Stralsund aber ist Schluss. Die Brücke nach Rügen nicht mehr passierbar. So stehen sie vor Stralsund. Und die Rote Armee holt sie ein, Soldaten durchkämmen den Zug. Frauen schreien. Ursel hört das Schreien und die Schüsse, um sie herum schreit es, aber den Postwaggon lassen die Soldaten.
Ursel hört die fremde Sprache. Ursel hört, wie einer auf Deutsch sagt, nahe an der Tür sagt er's, und nicht laut sagt er's: »Habt keine Angst, wir bringen euch zurück in eure Heimat.«
Nachts nur trauen sie sich raus, bauen aus Ziegeln Kochstellen, finden zu essen in einem Lager, das für die Wehrmacht bestimmt war. So müssen sie nicht hungern.
Nach Wochen ruckt der Zug an, schnauft, ächzt ein paar hundert Meter, bleibt stehen und fährt wieder, aber es geht nicht Richtung Norden, sondern zurück, »zurück in die Heimat«.

Sieben Wochen später steht Hertha Winkelmann mit ihrer Tochter wieder auf dem Ducherower Bahnhof. Ans Licht nicht mehr gewöhnt, ans Schlafen nicht, ans Waschen nicht. Und taumeln los.

»Ja, Frau Winkelmann, wo woll'n Sie denn nu aber hin?«

Fragt Postmeister Kopelke, der vor seinem Haus steht, gegenüber dem Bahnhofsgebäude.

»Ja, wohin wohl, nach Hause.«

Sagt Frau Winkelmann, die im Moment, da die Frage gestellt wird, begreift, dass etwas geschehen sein muss. Was nur? Warum sonst sollte er fragen, der Postmeister.

»Aber Ihr Haus steht ja nicht mehr …«

Winkelmanns Haus steht nicht mehr. Winkelmanns Haus ist ein Trümmerhaufen. Hier und da raucht es noch. Und das erzählten ihnen die Nachbarn:

Dass es die Nacht zum 1. Mai war, in der es brannte. Dass Rotarmisten nach Frauen suchten und dass noch Flüchtlinge im Haus waren, die alles verriegelt hatten. Dass die Soldaten Petroleum nahmen, im Zorn, es auskippten, Feuer dran, angesteckt und das ganze Haus umstellt, so dass niemand herankam, niemand herauskam.

Das war das Ende des Hauses von Kaufmann August Winkelmann und seiner Familie. Eine Nacht, da war es verbrannt.

Hertha Winkelmann sieht man von nun an in den Trüm-

mern ihres Hauses. Schweigend, mit einer Spitzhacke und einer Schaufel in der Hand, schürft sie, gräbt sie, schippt und hackt, bis sie eines Tages die Kellerluke freilegt und hinuntersteigt.
Unten stehen noch Regale. Darinnen die Steintöpfe wie Urnen, voller Schmalz und Honig, wovon nichts mehr zu gebrauchen ist. Das Eingeweckte aber, die Gläser stehen noch da, unversehrt, vom Ruß geschwärzt.
Hol sie raus, schlepp sie hoch, in die Sonne. Komm, Ursel, hast ja ganz verrußte Hände, hauch gegen und putz! Putz doch mit dem Stoff deines Kleides, und da …
… da ist sie, die ganze konservierte Welt, aus Sommer gerührt, mit Hitze gewürzt, in Schwüle erstarrt: strandsandfarbene Birnen, und Kirschen auch, Mirabellen in der Farbe von Bernstein. Blicken dich an, unangetastet und ahnungslos, als wäre nichts geschehen um sie herum. Nur ein paar Steine, die, aus den Früchten gesprungen, im zuckrigen Saft am Boden treiben.
Zwei Frauen im Trümmerhaufen vor einer Kellerluke mit einem Dutzend unversehrter Gläser voll Eingewecktem.
Nun waren sie »Opfer des Faschismus«, »OdF«, wie es später hieß, zu DDR-Zeiten. Straßen und Plätze wurden nach ihnen benannt. Für Mutter und Tochter Winkelmann ist dieser Titel ohne Bedeutung geblieben. Sie waren ja doppelt zu Opfern geworden. Aber sie hatten es dann ein bisschen besser, als OdF, sie bekamen ein paar

Kleidermarken mehr auf der Kommandantur, und auch mehr Zucker, und was sonst noch knapp war.
Durch den Ort wehen Winde aus Eis. Morgen, haben sie angesagt, soll es noch kälter werden, minus zehn Grad. Morgen sollen es minus zehn werden, sagt Ursel Klühs. Sie wird die Kälte begrüßen wie einen alten Feind, denn Kälte ist nicht gut bei Schmerzen. Sie wird noch einmal nachlegen, so um die Mittagsstunde, damit die Wärme vorhält bis in die Nacht. Sie wird vorsichtig sein auf den Stufen vor ihrer Haustür, denn die sind glatt, ein frostiger Spiegel bei diesem Wetter.
Man müsste sich Socken über die Schuhe ziehen, so dass man nicht fällt, oder Lappen um die Schuhe wickeln, dass man sicher bleibt im Tritt, so wie manche Alten es tun in diesen Tagen, in dieser Straße mit den Rauchfahnenhäusern.
Aber wie sieht das aus? Das sieht doch nicht aus, wenn man Lappen um die Schuhe wickelt …

## *Nachsatz*

*Franz Schwede-Coburg*, von 1934–1945 Gauleiter der NSDAP, Oberpräsident der Provinz Pommern und später dortiger Reichsverteidigungskommissar, war für alle Entscheidungen im zivilen Bereich verantwortlich. Auf Grund der Verordnung über die Errichtung von Standge-

richten vom 15. Februar 1945 berief Schwede-Coburg das »Standgericht Pommern«, zu dessen Vorsitzendem er Dr. Johannes Paulick als Richter und Dr. Gerhard Fricke als Anklagevertreter bestellte.
Von den bis Kriegsende verkündeten und bekannt gewordenen 13 Todesurteilen sind alle, bis auf zwei, die Frauen betrafen, vollstreckt worden. Die Urteile mussten von Schwede-Coburg bestätigt werden. In mehreren Fällen geschah dies aber erst nach ihrer Vollstreckung.
Als Paulick und Fricke 1950 in Schleswig-Holstein vor Gericht standen, war Schwede-Coburg als Zeuge geladen. Er gab an, nicht nur einmal, also wiederholt, den Bestätigungsvermerk unter einem Todesurteil unterschrieben zu haben, ohne dessen Inhalt zu kennen.
Franz Schwede-Coburg war auch hauptverantwortlich für die Morde an Geisteskranken aus Pommern Ende 1939. Als die Rote Armee sich der Oder näherte, verlegte er seinen Amtssitz sehr schnell von Stettin nach Pasewalk, dann weiter nach Schloss Schwerinsburg bei Ducherow.
Ursel Klühs' Begegnung mit dem Gauleiter, dessen Chauffeur Kisten aus dem Laden des Vaters herausschleppte und sie in Schwede-Coburgs Limousine bugsierte, stammt aus diesen Tagen.
Von Ducherow floh der Gauleiter über Greifswald und Stralsund auf die Insel Rügen. Von dort gelang ihm die

Flucht in den Westen, wo man ihn noch im Mai 1945 verhaftete. In Bielefeld wurde Schwede-Coburg 1948 zu zehn Jahren Gefängnis verurteilt, sein Vermögen eingezogen. In der Berufungsverhandlung wurde die Gefängnisstrafe auf neun Jahre herabgesetzt und von der Einziehung seines Vermögens abgesehen, weil er sich während des Nazi-Regimes »nicht besonders bereichert« habe.

1951 musste er sich vor der Strafkammer des Landgerichts Coburg erneut verantworten und erhielt wegen Körperverletzung in 52 Fällen und versuchter Nötigung zehn Jahre Gefängnis. Im Juli 1953 folgte eine weitere Verhandlung vor der Hauptspruchkammer München, die zur Einstufung als »Hauptschuldiger« und zur Verurteilung zu zwei Jahren Arbeitslager führte.

Schwede-Coburg verbrachte den Rest seines Lebens als Pensionär in Coburg, wo er am 19. Januar 1960 starb.*

*Johannes Paulick*, Jahrgang 1901, war das zehnte Kind eines evangelischen Pastors. Er hatte in Rostock und

* Manche Handbücher geben das Todesjahr 1966 an. Zusammengestellt nach Joachim Lilla: Statisten in Uniform – Die Mitglieder des Reichstags 1933–1945, Düsseldorf 2004; Volker Rieß: Die Anfänge der Vernichtung »lebensunwerten Lebens« in den Reichsgauen Danzig-Westpreußen und Wartheland 1939/40, Frankfurt am Main 1995; sowie nach Angaben des Bundesarchivs.

Greifswald Jura studiert und war seit 1942 Gaurechtsberater in Stettin. Wegen seiner Zugehörigkeit zum Führercorps der NSDAP war er von Mai 1945 bis März 1947 in Internierungshaft. Später lebte er als Waldarbeiter, Wachmann und Blindenhundausbilder im Dorf Silzen, Kreis Steinburg.*

Im Fall Paulick hatte die Staatsanwaltschaft eine Zuchthausstrafe von fünf Jahren beantragt. Am 4. August 1950 wurden beide Angeklagten, Paulick und Fricke, freigesprochen, da das Schwurgericht Itzehoe die Beschuldigungen als nicht erwiesen ansah.

Hertha Winkelmann und ihre Tochter erfuhren von dem Itzehoer Prozess und dessen für sie niederschmetterndem Ende durch August Winkelmanns Mithäftling, der die beiden Frauen über den Prozessverlauf und sein Ergebnis in Briefen unterrichtete.

»Was bleibt«, so endet die Itzehoer Urteilsbegründung, »ist eine Fülle menschlicher Unzulänglichkeiten, auch bei den Angeklagten. Beide besaßen nicht die Größe, welche die ihnen gestellte schwere Aufgabe damals von einem Richter und von einem Staatsanwalt forderte. Strafbare Handlungen sind ihnen jedoch, was ihre Tätig-

* Biographische Angaben nach Informationen des Landesarchivs Schleswig-Holstein, wo die Akten des Strafverfahrens gegen Johannes Paulick und Gerhard Fricke aufbewahrt werden.

keit bei dem Standgericht anlangt, mit der allein das Schwurgericht sich zu befassen hatte, nicht nachgewiesen. Die Angeklagten müssen daher freigesprochen werden, sie sind freigesprochen worden.«

*4. Mai*

*Wieder zog ich mit meiner großen Milchkanne ins Gasthaus zu meinen lieben Soldaten, unter denen ich mich schon ganz heimisch fühlte. Im Laufe des Vormittags besuchte uns Frau Dalz. Weinend sagte sie zu mir: »Frau Pastor, was mach ich nur mit meinem Gretchen, sie hat solche Angst vor den Russen und traut sich gar nicht nachhause, ihr Gesicht ist vor Entsetzen ganz schief geworden«.*
*Was lag näher, als dass ich der besorgten Mutter antwortete: »Schicken Sie mir das Gretchen gleich hierher, wir können gut Hilfe gebrauchen, und über der Arbeit bei den lieben Soldaten wird sie schon ihre eigene Not vergessen.« Wer jetzt das eifrige, fröhliche Schwester Gretchen bei ihrer Arbeit sieht, wird es bestätigen, dass man kein besseres Heilmittel für ihre Kümmernisse hätte finden können. Und das Gesicht ist auch wieder ganz gerade geworden. Also das Gretchen erschien nach zwei Stunden, wurde, so gut es ging, als Schwester eingekleidet und ist mir seitdem eine unentbehrliche treue Hilfe.*

## *»Frau, komm mit!«*

Eine Puppe aus der Sowjetunion
Grete Chemnitz

Andererseits sagt Grete Chemnitz einen Satz, mit dem man nicht rechnen kann, wenn man weiß, was ihr geschah. Er wirkt wie vom Himmel gefallen.

Sie sagt: »Was haben meine Brüder in Russland gemacht, dass die so über uns herfielen?«

Sie hat ihre Brüder ja gefragt. Alfred, Bezirksschornsteinfegermeister Alfred Dalz, den Krieg über an der Ostfront, und Hans, ihren Zwilling. Sie nennt ihn Hänser, aber das »r« am Ende spricht sie nicht mit, ein »r« am Ende spricht man nicht mit, wenn man aus Ducherow kommt, im Hinterland der Küste, wo man die Brandung noch ahnt, als hielte man eine Muschel ans Ohr.

Hänser kämpfte erst in Afrika, bei Rommel, dann im Osten, später an der Westfront. Sie hat die Brüder also gefragt, und sie haben geantwortet: Nein, Schwesterchen, keine Frauen angefasst, »die waren uns auch viel zu dreckig«.

Einerseits hat sie das beruhigt.

Einerseits.

*Bertha Dalz mit Grete, aufgenommen am Muttertag 1944 für die Brüder an der Front*

Es gibt Geschichten, an die erinnert sich jeder im Dorf, der alt genug ist. Eine geht so. Vorm Gasthof Treetz, hart an der Straße auf Anklam zu, da standen die Trecks. Wagen an Wagen. Aus dem Osten, und Pferde, aber es waren nicht mehr viele Pferde. Es war Mai und Sonne war, und wenn die Wundränder der Wolken verblassten am Abend, schwärmten die Männer in Stiefeln aus, torkelten aus, Stiefelschritte auf Pflasterstein, man hörte die

Frauen schreien, auf den Wagen, gellende Schreie, sagen die, die alt genug sind, was sollten sie tun, und Schüsse, und dass sie das noch hören, manchmal, wenn Nacht wird, Schreie, in jeder Frau Hitler bezwingen, und die Kinder schrieen, und die Alten bäumten sich nicht auf. Am Morgen fand man Körper wie Fallobst unter den Bäumen der Allee.

Grete Chemnitz hat das gehört.

Grete Chemnitz ist am Leben. Vor der Heirat hieß sie Dalz. Ihr Vater war auch Bezirksschornsteinfegermeister, er hieß Adam. Sie schämte sich immer ein bisschen für den Namen. Adam, das klingt doch wie … wie der erste Mensch.

Adam Dalz stammte aus der Provinz Posen und war katholisch. Aber Konfessionen bedeuteten ihm nichts. Er sagte immer: Wir haben alle nur einen Gott. Gott war gnädig und ließ ihn vor dem Zweiten Krieg sterben. Im Ersten Krieg hatte man ihm das Eiserne Kreuz Erster Klasse an die Brust gesteckt. Gretes Mutter hieß Bertha. Sie brachte die Kinder alleine durch.

Als Bertha Dalz ins Pfarrhaus lief, war sie voller Sorge um ihre Tochter, um ihr Gretchen: »… sie hat solche Angst vor den Russen … ihr Gesicht ist vor Entsetzen ganz schief geworden.«

Ihr Gesicht ist mit den Jahren wieder gerade geworden, doch auf dem linken Auge sieht Grete Chemnitz nur Schatten, bis zum heutigen Tag.

Ich habe sie in Leipzig-Grünau gefunden, in einer kleinen Wohnung in einer kleinen Straße, deren Löcher der Westen noch nicht geglättet hat. Im Winter, es waren die frostigen Tage, ist sie gestürzt und hat sich den rechten Arm gebrochen. Lange sind die Schmerzen schon fort, doch ein Taumeln ist geblieben. Deshalb hat ihre Tochter auch alle Teppiche aufgerollt in der Wohnung. Sie soll nicht noch einmal fallen, es ist aus Vorsicht.

Grete Chemnitz ist voller Erinnerung. Als steckten die Ereignisse der Zeit in ihrem Kopf wie Nägel in der Wand. Ein Stichwort genügt, und sie beginnt zu erzählen:

Einmal hatte Hänser, der Zwillingsbruder, Fronturlaub und kam aus Frankreich. Frankreich klang tausendundeine Nacht weit weg. Er sagte: »Grete, weißt du, was modern ist? Haare hoch!« Von da an trug Grete die Haare hoch. Wegen Hänser, und weil es modern war. Man sieht das auf den Bildern: Grete mit Steckfrisur, in blumigen Kleidern und luftigen Sandalen. Grete am Meer. Eine schöne Frau. Im April 1945 war sie 24.

Ein anderes Mal schrieb Alfred, der Älteste, an Mutter und Schwester aus Russland. Russland war noch weiter weg als Frankreich, doch die Angst des Bruders klang bedrohlich nah. Er schrieb: »Geht nicht fort aus Ducherow, was auch passiert, ich find' euch nachher nie wieder.«

So blieben sie und taten, was alle taten. Sie suchten, als es Zeit war, einen großen Kochtopf und legten alles Silber und den Schmuck hinein, der im Hause war. Den Topf vergruben sie im Garten. Die Anzüge der Brüder versteckten sie im Misthaufen. »Reinigen kann man sie nachher immer«, sagte Mutter Dalz.

Im Hause Dalz in der Hinterstraße lebten auch Flüchtlinge. Und Hedwig, Bertha Dalzens Schwester, Gretes Tante. Sie kam Ende Januar 1945 aus Pölitz nahe Stettin. Pölitz hatte das Hydrierwerk, dort wurde Treibstoff hergestellt, kriegswichtiger Treibstoff. Am 13. Januar gingen aus 250 britischen Flugzeugen 1600 Sprengbomben und sechs Minenbomben auf die Stadt und das Werk nieder. Als man in Ducherow den Flammenschein am Nachthimmel sehen konnte, sagte Mutter Dalz zu ihrer Tochter: »Hoffentlich hat's uns' Hedwig nicht erwischt.«

Nach 14 Minuten Bombenregen gab es Tante Hedwigs Familie nicht mehr. Sie hatte nur den Jüngsten bei sich, war gar nicht im Haus, als es geschah. Im Haus aber verbrannten ihre fünf Kinder, ihr Mann, ihr Schwiegervater, zwei Pferde im Stall und drei Kühe. Der Himmel war Glut, die Straße ein Feuerfluss. Wohin sollte sie gehen? Da ging sie nach Ducherow, zur Schwester. Doch der Krieg heftete sich an ihre Fersen.

Als der Soldat ihr im weißen Schlafzimmer im oberen Stock des Hauses unter dem Bild mit der Gondel im Mondschein Gewalt antat, kauerte Grete unter dem Bett, auf dem es geschah. Sie war die Treppen hochgerannt, als die Soldaten kamen, hatte sich versteckt. Der Soldat

war betrunken, die Tür war verschlossen, von innen. Der Soldat hatte Kraft. Vor der Tür schrie Hedwigs Jüngster, der Dreijährige, nach seiner Mutter. Aber die konnte nicht aufstehen, bis der Soldat fertig war. Dann konnte sie auch nicht aufstehen. Grete sah zwei braune Stiefel und eine braune Hose fallen.
Sie sagt: »Fragen Sie nicht.«
Sie hat sich immer versteckt, wenn die Soldaten kamen, oder ist gerannt, raus aufs Feld, rein in die Furche. Es war ein Reflex, sagt sie: fliehen. Ihr Gesicht hatte sie mit Kohle geschwärzt, das Haar unter einem Kopftuch verborgen. Wie eine Babuschka wollte sie aussehen, alle jungen Frauen wollten das. Babuschkas wurden nicht angefasst, richtige Babuschkas. Doch wie alt musste eine sein, dass sie nicht sagten: »Frau, komm mit!«
Als Soldaten ins Haus stürzten, ihre Mutter nahmen, um sie aufs Bett zu zwingen, ist Grete hinterhergerannt, die Treppe hoch, raus aus dem Versteck. Sie hat geschrien und geschrien, und der Kleine hat geschrien, »da haben sie von ihr abgelassen«.
Und dann?
»Fragen Sie nicht.«
Den Moment, da ihr Gesicht schief wurde, beschreibt Grete Chemnitz so: »Es war, als wenn mir jemand eine Eisenplatte auf den Kopf gelegt hat, mehr nicht, dann war alles tot. Es muss der Schreck gewesen sein.«
Am nächsten Morgen konnte sie kaum mehr sprechen

und mit dem linken Auge nicht mehr sehen. Eine Lähmung, die niemand erklären kann.
Aber die Ersten, die kamen, waren von anderem Holz. Es kam ein Rotarmist, sprang über den Gartenzaun, ging im Haus durch alle Zimmer, es durfte nichts verschlossen sein, und fragte: »Deutscher Mann hier?« Es war kein deutscher Mann da. Deutsche Männer waren nicht mehr da. Also ging er wieder. Dann kam ein Offizier. Er sah das Klavier und sagte: »Oh, Kultur!« Setzte sich dran, spielte etwas, was nur, sie erinnert sich nicht mehr, und ging wieder.
Dann kamen andere. Sie kamen mit Panjewagen, so nannte man das. Flache Wagen, zwei Pferde davor. Sie zogen die Schubfächer auf im Haus, rissen Lampen von der Decke, schlitzten die Betten auf. Luftige Federnester schwebten durchs Haus. »Ihr Kapitalist! Ihr reich!«, riefen sie, als sie das Auto in der Garage sahen, setzten sich rein und fuhren davon.
Gretes Puppen nahmen sie mit, alle Puppen nahmen sie mit. Das Vieh tüterten sie los und trieben es in Richtung Osten. Als sollten die Tiere bis Russland laufen.
Die Soldaten waren hungrig, sagt Grete Chemnitz, denn das Essen nahmen sie auch mit, vom Herd weg, es war ja gar nicht fertig.
Und die Soldaten waren krank, Syphilis und Tripper. Es ging um wie eine Seuche. Viele Frauen hatten es auch, und viele wurden schwanger. Manche haben sich das

Leben genommen, aus Scham, »aber da gehört Mut zu«. Sind in den Teich gegangen. Haben sich erhängt.

Sie sagt: »Das ist Krieg. Aber am Ende behält man das Gute, und das Schlechte vergisst man.«

Das Schlechte. Dass sie alle Typhus hatten, dass Tante Hedwig daran starb. Sie sagte: »Mein Leben ist in Gottes Hand«, und starb, ohne ein Aufhebens darum zu machen.

Nun war ihr Jüngster ganz allein. Am Anfang hat er noch Bilder gemalt, da waren Männer drauf zu sehen, und Kinder. »Das ist der Eberhardt«, sagte er, »und das ist ...« Bis er eines Tages alles vergessen hatte. Bis er zu seiner Tante »Mutti« sagte.

Grete Chemnitz' Familie ist klein geblieben. Der Mann starb früh. Da war sie mit der Tochter allein und musste arbeiten, doch sie arbeitete gern. Die Arbeit war es, die sie in Leipzig hielt. Sie war Absatzleiterin im »Kombinat Pumpen und Verdichter«. Hat Maschinen für große Schiffe verkauft. Einmal bekam sie eine Reise in die Sowjetunion, vier Tage Moskau, zwei Tage Stalingrad. Es sollte eine Auszeichnung sein.

Aus der Sowjetunion hat sie sich eine Puppe mitgebracht, eine große Puppe mit langen blonden Haaren und blauen Augen, an die 60 Zentimeter lang. Sie sitzt im Schlafzimmer auf dem Sofa. Als Andreas, ihr Enkelkind, sprechen lernte, hat sie mit ihm an der Puppe geübt:

»Andreas, sag mal: Au-ge.«
»Au-ge.«
»Jetzt sag mal: Na-se.«
»Na-se.«
Und so den ganzen Körper durch, bis er es konnte. Grete Chemnitz lächelt, als sie das erzählt. Sogar die linke Hälfte des Gesichts lächelt ein bisschen, wie damals, im Sommer '44, als sie blumige Kleider trug und in Frankreich Steckfrisuren modern waren.
Ach, eine letzte Frage noch: »Wie heißt denn die Puppe, ich meine, jede Puppe hat doch einen Namen, nicht wahr?«
»Ja, wissen Sie«, sagt Grete Chemnitz, »ich habe sie Iwan genannt. Ist doch kein schlechter Name. Einerseits.«

*5. Mai*

*Nun fand sich auch die gute Mutter Leer ein und brachte viele Heringe mit, was unsere Soldaten natürlich sehr begeisterte. Seitdem gehört Mutter Leer untrennbar zu unserem »Lazarett«. Von morgens um ½ 8 bis abends ½ 9 kocht und arbeitet sie, zusammen mit ihrer treuen Begleiterin Frau Harnitz für unsere Soldaten. Immer bringt sie etwas Gutes zu essen mit, meistens Fleisch von Schlächter Plönzig, der gesagt hat: »Solange ich was zu essen habe, sollen unsere Soldaten im Lazarett auch was haben«. Woher die Lebensmittel immer kommen, wir wissen's nicht. Von der Bürgermeisterei bekamen wir bis jetzt nur 2 Zentner Kartoffeln und ab und zu mal Brot. Die anderen vielen, vielen Zentner Kartoffeln erhielten wir von lieben Landleuten, oder wir holten sie uns, ungefragt, von den Gutsmieten. Das Mehl zur Morgen- und Abendsuppe konnte ich bis jetzt liefern aus unserem großen Sack, den wir uns noch, kurz bevor die Russen hier einbrachen, aus der Feldscheune holen durften. Liebe Frauen und Mädchen*

Fleisch u. Kindergeld gesorgt. So wurde uns immer wieder der Tisch gedeckt für 18 bis 21 Kranke, und ich mußte oft an das Heilandswort denken: Sorget nicht für den andern Morgen, denn der morgende Tag wird für d. Seine sorgen.

Während ich hier am Montag abend am Fenster sitze u. an euch, meine lieben Kinder, schreibe, kommen wieder 3 Russen auf d. Hof u. bedeuten uns, daß sie bei uns schlafen wollen. Ich machte ihnen aber schon Lager in den großen Stuben, die wir jetzt immer als Russenquartier frei halten müssen, fertig, da baten sie mich, ihnen etwas auf dem Flügel vorzuspielen. Kürzlich war das auch schon so. Ich spiele dann immer einige Volklieder u. geistliche Volkslieder, worüber die Russen immer recht erfreut sind.

aus Dargibell und Rosenhagen und Busow brachten uns manchmal Butter, Eier und Milch. Einmal schenkten uns die Russen eine Kuh, die geschlachtet werden musste. Da waren wir für mehr als eine Woche gut mit Fleisch und Rindertalg versorgt. So wurde uns immer wieder der Tisch gedeckt für 18 bis 21 Kranke, und ich musste oft an das Heilandswort denken: »Sorget nicht für den anderen Morgen, denn der morgige Tag wird für das Seine sorgen«.
Während ich hier am Montagabend am Fenster sitze und an Euch, meine lieben Kinder schreibe, kommen wieder 3 Russen auf d. Hof und bedeuten uns, dass sie bei uns schlafen wollen. Ich machte ihnen eben ihre Lager in der großen Stube, die wir ja jetzt immer als Russenquartier freihalten müssen, da baten sie mich, ihnen etwas auf dem Flügel vorzuspielen. Neulich war das auch schon so. Ich spiele dann immer einige Volkslieder und geistliche Volkslieder, worüber die Russen immer recht erfreut sind. Lieber möchten sie aber »Walzer« und »Tango« hören. Na, den Gefallen kann ich ihnen dann eben nicht tun.

Den 28.6.

Wieder bin ich längere Zeit nicht zum Tagebuchschreiben gekommen. Ich musste fast eine Woche das Bett hüten und meine liebe Lazarettarbeit versäumen, das ist mir nicht leicht geworden. Aber in diesen ruhigen

*Tagen war ich so ganz besonders viel mit meinen Gedanken bei Euch, Ihr meine geliebten Kinder, und war Euch im Geiste so nahe. Ich las liebe, ach so liebe Briefe von Euch, dachte besonders an unsere lieben Juni-Geburtstagsjungs, dachte am 26. daran, dass nun schon 9 Monate seit Eurem so schönen harmonischen Hochzeitstag vergangen seien, meine liebe Urseli, mein lieber Wilhelm. Ach, wo und in welcher Lage mögt Ihr alle sein, meine geliebten 6 Jungen, meine lieben beiden Töchterlein, und Ihr süßen Kleinen, Christianchen und Klein Anja? Ach, meine sorgenden Gedanken suchen Euch, meine treuen Gebete umgeben Euch. Wann wird uns ein Wiedersehen geschenkt werden? Doch ich wollte ja Tagebuch schreiben und fortlaufend von meiner lieben Lazarettarbeit erzählen.*

*Also am Sonnabend, den 5. Mai, siedelten wir auf Anordnung des russischen Arztes und auf Herrn Dr. Appels Wunsch von den düsteren Gasthofräumen in 2 leerstehende sonnige Wohnungen am Dorfplatz über, einige Tage später musste noch eine dritte Wohnung (für Infektionskranke) hinzugenommen werden. Unsere Soldaten waren zuerst mit diesem Wechsel gar nicht einverstanden. Sie fühlten sich ja so wohl und geborgen auf ihren dürftigen Lagerstätten: 14 Soldaten auf 2 Ledersofas, 1 Chaise, 3 Betten, die übrigen lagen dicht nebeneinander auf der Diele. Und von Hygiene konnte unter diesen Umständen auch nicht die Rede sein.*

*Am Sonnabendabend war's nun ein ganz anderes Bild: In 4 hellen freundlichen Zimmern hatte fast jeder Soldat sein eigenes Bett, und fast alle Betten waren sauber bezogen, was mich, als Hausmütterchen, mit besonderem Stolz erfüllte. Die Wäschebeschaffung war nämlich ein besonderes Problem. Einige Wäschestücke durfte ich mir im Schloss aus den von den Gauleitern verlassenen Zimmern heraussuchen, andere fand ich verschmutzt auf der Straße. So füllte sich allmählich auch unser Wäscheschrank, und die Betten wurden immer schmucker. Die Wäsche nahm natürlich viel Zeit in Anspruch. Wir hatten auch viele stark eiternde Wunden. Von jetzt ab werde ich nicht mehr über die einzelnen Tage schreiben, sondern über unsere, uns so lieb gewordene Arbeit im Allgemeinen.*
*Sehr bald nach unserer Übersiedlung zum Dorfplatz meldete sich Frau Erna Schröder zur Mitarbeit und wurde mit Freuden begrüßt. Schw. Erna hat ganz besonderes Geschick zur Krankenpflege und ist besonders in allen medizinischen Sachen unbedingt zuverlässig. Da nun auch mehrere Zivilkranke, besonders Flüchtlinge, ein Franzose, Pierre, und ein Lette bei uns Aufnahme fanden, und die 3. Wohnung noch hinzugenommen wurde, waren wir dankbar, dass sich auch noch weitere Hilfskräfte anboten. Schwester Lieschen Feldt, Margot Boy und Schwester Ilse Dietrich, die schon 4jährige Krankenhauserfahrung mitbrachte, sind uns noch*

*heute tatkräftige, liebe Mitarbeiterinnen. Herr Dr. Appel und seine unentbehrliche Begleiterin Frl. Dieckelmann stehen uns jederzeit mit Rat und Tat zur Seite. Es ist jedenfalls ein sehr harmonisches Zusammenarbeiten im Lazarett: Arzt, Schwestern und Mutter Leer, die uns doch eine der größten Sorgen abnimmt, die Beköstigung.*

*Eine besondere Freude bereitet den meisten Kranken das abendliche Singen: »Schwester, singen Sie heute Abend auch wieder? Ach, bitte, noch ein Lied.« Es ist mir ein besonderes Geschenk, dass alle Schwestern gern und auch wirklich gut singen. Besonders fein klang es, wenn der Rudolf und der nun schon heimgegangene Heinrich mit ihrem klangvollen Tenor und Bass einstimmten: »Wenn alles bricht, Gott verlässt uns nicht. Größer als der Helfer ist die Not ja nicht«. Von einigen besonders netten Sonntagsgestaltungen möchte ich noch erzählen. Eine große Freude war es immer, wenn junge Mädchen und junge Frauen aus Busow, Dargibell oder Rosenhagen unseren Soldaten Sonntagskuchen brachten. Da wir ja über einen »Tagesraum« nicht verfügten, wurde im Sechsmännerzimmer, auf den Bettkanten sitzend, was ja im richtigen Krankenhaus ein ganz verbotener Sitzplatz ist, Kaffee getrunken und nachher gesungen, erzählt, Gedichte aufgesagt, oder Rätsel geraten. Einige Male kamen auch 5–6 Jungscharkinder und sangen in den einzelnen Zimmern ihre ernsten und fröhlichen*

*Kinderlieder. An einem besonders schönen Sonntagvormittag ging ich nach der Jungscharstunde im Pfarrhaus mit etwa 50 Mädelchen auf den Lazaretthof und ließ sie da singen und springen und ihre fröhlichen Kinderspiele treiben. Die Leichtkranken saßen auf dem Hof in der Sonne und die anderen hörten durch die offenen Fenster das fröhliche Spiel der Kinder.*

*16.6.*

*Ein anderer festlicher Tag war Mutter Leer's 68. Geburtstag. Am Abend vorher hatten wir Schwestern bei uns zwei Lieder eingeübt und gedichtet, was uns viel Freude machte. So begrüßten wir also Mutter Leer, als sie am 16. Juni früh ½ 8 Uhr die Treppe heraufkam, mit dem Liede: »Seine Flügel breite Jesus über Dich«. Nachher wurde sie mit vieler Mühe in das Sechsmännerzimmer hineinlaviert und wir gestalteten ihr da noch eine kleine Geburtstagsfeier mit dem Liede: »Näher, mein Gott, zu Dir« und dem Verlesen des kleinen Gedichtes, dessen Refrain der Chor der Soldaten voller Begeisterung sang. Herr Dr. Appel und Fräulein Dieckelmann wohnten auch dem kleinen »Aktus« bei. Zum Kaffee hatte Mutter Leer Semmeln, Schnecken und Hörnchen gebacken, die, wenn auch z. Teil etwas zu dunkel gebacken, doch köstlich schmeckten. Der Geburtstagstisch war mit vielen Rosen und einem Paar neuen Pantoffeln geschmückt. Zu Letzterem das Verschen:*

*»Viel tausend Schritte hin und her*
*im Lazarett macht Mutter Leer.*
*Die Sohlen geh'n in Fetzen.*
*Drum wollen wir sie voller Freud*
*zu dem Geburtstagsfeste heut*
*auf neue Sohlen setzen«.*
*Zu Mutter Leers 68. Geburtstag.*

*»1) Heut wird sie 68 Jahr, die schon seit vielen Wochen für uns Soldaten früh und spät tut Fleisch und Suppe kochen. (Alle:) Das ist unsre liebe alte Mutter Leer, ja, ja, das ist unsre liebe alte Mutter Leer.*
*2) Wer ist's, der morgens vor ½ 8 erscheint mit ihrer Tasche mit Fleisch und Wurst von Plönzig und manchmal ner Obstsaftflasche? (Alle)*
*3) Ihr erster Blick fällt auf den Herd – brennt auch schon hell das Feuer? Doch bei der großen Feurungsnot ist guter Rat oft teuer (Alle:) Doch heut brennt's schon, liebe alte Mutter Leer.*
*4) Dann fängt das Suppekochen an, und auch die Klioben wribbeln. Dass so viel Mehl dazu gehört, macht Mutter Leer ganz kribbeln (Alle:) Keine Sorge, liebe alte Mutter Leer.*
*5) Und ist die Suppe dann verteilt, dann setzt sie auf die Knochen. Zwei Herde braucht die Mutter Leer, um delikat zu kochen (Alle:) Und dann schmeckt es immer, ach, so wunderschön, ja, ja.*

*6) Nach Tische keimt sie Tüffeln ab im schönsten Sonnenscheine, und Mister Busch und Wendeland, die helfen im Vereine (Alle:) Dann sitzt endlich auch mal stille Mutter Leer, ja, ja.*
*7) So kocht tagaus, so kocht tagein Mutter Leer für uns Soldaten Gemüse, Supp und auch Spinat und sonntags saft'gen Braten (Alle:) Und dann schmeckt es immer ach, so wunderschön.*
*8) Hab Dank, Du liebe Mutter Leer für alle Deine Mühe. Der liebe Gott vergelte Dir Dein Sorgen spät und frühe (Alle:) Habe Dank, Du liebe alte Mutter Leer, ja, ja. Habe Dank, Du liebe alte Mutter Leer«.*
*Und als wir dies Lied der jungen Mädchen aus Rosenhagen, die Kuchen gebracht hatten, vorgesungen hatten, fügten wir noch aus dem Stegreif folgenden Vers hinzu: »Und bringt aus Rosenhagen dann man uns so schönen Kuchen, wie freuen wir Soldaten uns, den Kuchen zu versuchen. Und dann schmeckt es allen, ach, so wunderschön, ja, ja.« Nach der Weise zu singen: »Wir winden Dir den Jungfernkranz.«*
*Das sind nun so kleine Extrafreudentage im Lazarett. Ja, F r e u d e bedeutet für uns die ganze Arbeit im Lazarett, mag's auch manchmal ein bisschen viel sein, und dass die Verbände und das Verbandszeug, das gewaschen werden muss, einen nicht gerade rosigen Duft ausströmen. Ist es nicht ein Gottesgeschenk, dass wir gerade in dieser schwersten Zeit der Schmach und Erniedrigung*

eine so befriedigende schöne Arbeit an unseren lieben deutschen Soldaten, die ihr Leben für uns eingesetzt haben, tun dürfen? Ist auch, seitdem ich vom Lazarett hier berichte, e i n Wort der Klage über die Schwere dieser Zeit mir in die Feder gekommen? Wie sollte auch? Ist's nicht beglückend, wenn einem so ein lieber, halbtot eingelieferter Kranker immer wieder die Hände drückt: »Schwester, ich bin ja so glücklich, jetzt kann ich schon wieder die Finger, den Arm bewegen und mich selber aufrichten«.

Und ist's nicht eine große, große Freude, wenn man dem Hermännchen oder dem Georg zum erstenmal nach wochenlangem Leiden die Hosen anziehen und ihn in den Sonnenschein hinausführen darf? Und ist es nicht zum Danken, wenn man immer wieder etwas herausfindet, um 21 hungrige Mägen satt zu machen, wenn man doch e i g e n t l i c h – gar nichts hat? Ja, über solche Freuden- und Dankempfindungen kann man wohl die Not der Zeit fast vergessen: »Wenn Gott du wolltest Dank für jede Freud' erst sagen, du fändest gar nicht Zeit, noch über Leid zu klagen«.

## *»Ihr habt wohl mal gelebt ...«*

Hermann Daniel Stetter

1

An einem, was das Wetter betrifft, schönen Spätsommertag des Jahres 1936 nahm der Witwer Daniel Stetter, Baurat der Stadt Kempten im Allgäu, seinen Sohn Daniel Hermann beiseite und sagte: »Daniel, hör zu, in unserem neuen Deutschland sind die Juden nicht besonders angesehen, weshalb es besser ist, wenn du von nun an Hermann heißt. Hermann ist en vogue.«

Hermann wusste nicht, was das heißt: en vogue sein.

In der Nacht war Regen gefallen. Die Erde dampfte Schweiß aus. Auf den Pfützen drehte sich frühes Laub, leise wie ruderlose Flöße. Das Laub war noch grün, nur die Ränder hatte der Herbst schon gegerbt, woran Hermann sah, dass nicht mehr viel Sommer übrig war.

In ein paar Tagen wird er aufs Gymnasium gehen, mit einem neuen Namen. Er wird lernen, wer Hermann der Cherusker war, wer Hermann Göring ist und was es bedeutet, en vogue zu sein.

In ein paar Monaten wird er ahnen, warum er nicht mehr Daniel heißen soll. Er wird, was er auf dem Kemptener

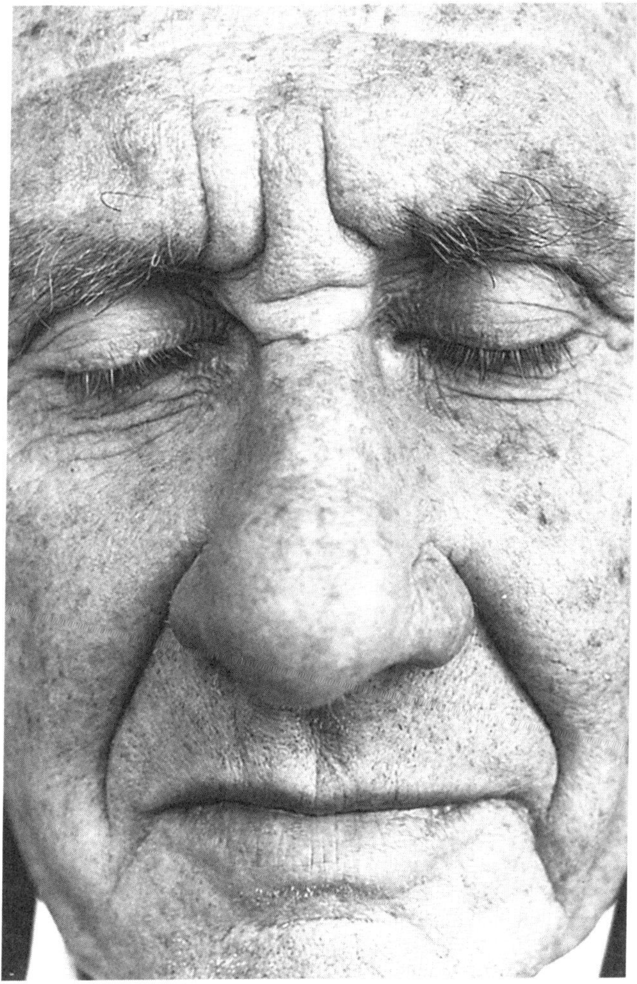

*Hermann Daniel Stetter*

Marktplatz sieht, nicht vergessen können. Weil es ihn entsetzt.

2

Was geschah:
Rechtsanwalt Dr. Kohn, ein guter Bekannter seines Vaters, wie ein Pferd ins Geschirr gezwängt, zieht einen Wagen über den Platz. Dr. Kohn trägt einen Mantel. Er geht gebeugt. Auf den Mantel ist ein Stern genäht. Hermann kommt drüber zu, läuft zu ihm, doch Kohn hält nicht inne, schaut nicht auf.
Der Jude Kohn sagt: »Daniel«, und er sagt Daniel, obwohl Daniel doch jetzt Hermann ist, »Daniel, geh weiter, es ist besser für dich. Du kannst mir nicht helfen.«

3

Und dann?
Neun Jahre später, am 16. Juni 1945, wird Maria Meinhof in Ducherow, einem Nest in Vorpommern, in ihrem Tagebuch das Hermännchen erwähnen.
Neunundfünfzig Jahre nach Ende des Krieges wird Hermann Daniel Stetter in seinem schönen Haus in Oberndorf am Neckar sitzen und erzählen, dass ihn manche Freunde, jetzt im Alter, wieder Daniel nennen. Doch wenn man ihm die Stelle mit dem Hermännchen im Tagebuch vorliest, wird er rufen:
»Aber das Hermännchen, das bin ja ich!«

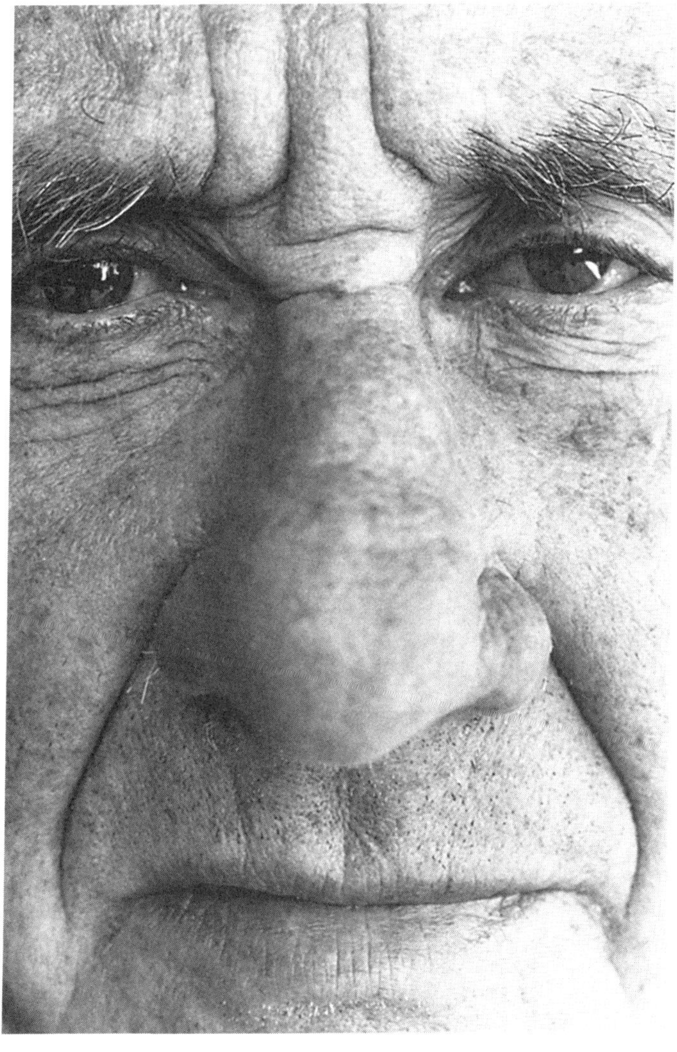

Das ist ein weiter Bogen. Aber vielleicht ist das auch die ganze Geschichte: wie aus Daniel ein Hermann werden sollte, wenigstens doch ein Hermännchen. Es ist die Geschichte eines Namenswechsels, der Umstände wegen.

4

Daniel sitzt auf dem Schoß seiner Mutter. Mittags manchmal. Mittags liest sie die Zeitung am Tisch im Wohnzimmer. Und wenn sie liest, fährt sie mit dem Finger unter den Wörtern entlang, Zeile für Zeile, und Daniel tut desgleichen, bis sein Finger ganz schwarz ist. Dies Bild von sich und seiner Mutter hat er im Herzen.
Ein anderes steht im Wohnzimmer seines Hauses. Genofefa Stetter sieht aus, wie man sich eine Genofefa vorstellt. Eine junge Frau, die Haare hochgesteckt, die Augen ein bisschen scheu. Sie trägt ein weißes Kleid, dem Faltenfall nach Seide, das ihren Oberkörper bis zum Kinn hin bedeckt. Von den Handgelenken über die Schultern bis hoch zum Hals läuft je eine Reihe bezogener Knöpfe, einer wie der andere aufrecht – zwei sehr ordentliche Raupen.
Beide Bilder, das im Herzen und die Fotografie, sind ihm kostbar. Er hat nicht viele Bilder. Denn die Mutter stirbt 1930. Daniel ist gerade vier Jahre alt.
Zwei Jahre später heiratet der Vater wieder. Als Hitler den Krieg beginnt und Polen überfällt, ist der Vater da-

bei. Nach 18 Kriegstagen ist der Vater tot. Er fällt bei Zamość, im Süden Polens.
Doch die Familie weiß es nicht. Er gilt lange als vermisst. Erst als zu Weihnachten die Feldpostpäckchen zurückkommen von der Front und man des Vaters Kennmarke, die »Hundemarke«, findet, ist Hermann Waise.

5

Am Tag des Überfalls auf Polen führt Adolf Hitler in Berlin einen neuen Orden ein, eine Auszeichnung für besondere Tapferkeit. Das Ritterkreuz. Bei Hitler allein liegt die Entscheidung, wem es verliehen wird. Die Einführung des Ritterkreuzes, das an einem schwarz-weiß-roten Band am Hals getragen wird, ist insofern für den Jungen Hermann in Kempten im Allgäu von Bedeutung, als dass er von nun an nichts mehr begehrt als eben dieses Ritterkreuz.
Unter den Jungen in der Hitlerjugend geht die Rede, dass man sechs feindliche Panzer abschießen muss, sechs Panzer nur, ein Kinderspiel, und dann bekommt man das Ritterkreuz. Einmal begegnet Hermann im Kemptener Hauptpostamt einem Offizier, der das Ritterkreuz am Hals trägt. Hermann knallt die Hacken zusammen und grüßt den Helden, und der Held grüßt zurück, mit verhaltener Geste. Hermann gefriert das Blut in den Adern vor Ehrfurcht.

*Daniel Hermann Stetter als »Pimpf« im Jungvolk in Kempten, aufgenommen 1934*

6

Als Ende Juli 1944, kurz nach dem Attentat auf Hitler, Offiziere in die Schule kommen, um die Jungen für die Wehrmacht zu werben, meldet Hermann sich freiwillig. »Reicht es dir nicht, dass dein Vater und die Brüder deines Vaters tot sind?«, sagt Hermanns Vormund, den er als Kriegswaise bekommen hatte, und verpasst ihm eine Ohrfeige. »Reicht dir das nicht?«
Es reicht nicht. Hermann glaubt, dass der Führer nun die Wunderwaffen einsetzen werde, er glaubt an den Endsieg. »Ich wollte alles geben für Führer, Volk und Vater-

land. So sind wir erzogen worden, wir waren einfach da, um unsere Pflicht zu erfüllen. Es ist schlimm genug, dass ich das sagen muss.«

Im Herbst 1944 steigt er in den Zug, der ihn zur Ausbildung an die Kriegsschule nach Leipzig bringen soll. Hermann schaut aus dem Fenster. An den Bahnhöfen, die der Zug mit den Jungen passiert, steht geschrieben: »Räder müssen rollen für den Sieg.«

Leipzig brennt im Bombenhagel, als der Zug hält. Leipzig im Bombenhagel, als ein anderer Zug die Jungen in den Osten fährt, an die Front. Hermann brennt darauf zu kämpfen, Offizier zu werden, das Ritterkreuz zu bekommen.

»Pass auf, dass du nicht das Holzkreuz kriegst«, sagen die älteren Soldaten, weil er so fanatisch ist.

7

An einem Tag, den Donner der Front im Rücken, kommen sie durch ein Dorf. Die Häuser stehen leer. Die Menschen sind geflüchtet. Sie gehen in ein Haus, in der Küche ist der Frühstückstisch noch gedeckt, Marmeladen stehen auf dem Tisch, Butter und Brot. Alles ist in Hast verlassen. Im Schlafzimmer sind die Betten aufgeschlagen. Sich da hineinlegen, in den Schlaf fallen wie in ein traumloses Meer, aus der Zeit fallen …

Hermann steht in der Tür und schaut auf die aufgeschlagenen Betten. Wenn er den Lärm der Geschütze wegdenken könnte, wäre es ein Frühstückstisch in einer Küche

in einem Haus in einem Dorf, wäre es ein aufgeschlagenes Bett, willig, ihn aufzunehmen, in einem Schlafzimmer in einem Haus ... Nur die Menschen fehlen. Und den Lärm kann er nicht wegdenken.
Die Männer treten wieder heraus auf die Straße: Oberfeldwebel Siwecke, Soldat Greiner aus der Steiermark und Fahnenjunker Stetter.
Laufen ihnen zwei Männer entgegen, Zivilisten, es müssen Polen sein, sie tragen keine Waffen, das sieht man. Schreit der Siwecke sie an, »Spione!«, schreit er, aber die Männer verstehen ihn gar nicht, kein deutsches Wort, und antworten nicht, man sieht nur die Angst in ihren Augen.
Schreit der Siwecke sie an: »Ihr habt wohl mal gelebt!«
Angelegt an der Stirn, und: geschossen.
Angelegt an der Stirn, und: geschossen.
Die Männer liegen am Boden, und Greiner setzt nach. Und: geschossen.
Die Deutschen stecken ihre Karabiner ein.
»Aber das waren doch Zivilisten ...«, schreit Daniel, wie man zu Steinen schreit.
»Das war Notwehr«, schreit der Siwecke zurück und rückt seinen Karabiner zurecht.
Sie kommen doch ... beruhigt sich der Siwecke, denn die Stimme war ihm ausgerutscht ... aus Kempten kommen Sie doch, sagt er, und dass er, Siwecke, da eine Freundin hat und dass er sie besuchen wird, nach dem Krieg ...

»Sie … wir werden uns sehen, Stetter, wenn wir den Sieg haben, sehen wir uns …«
Das geschah auf der Straße.

8

Die Rote Armee rückt vor, bis an die Oder. Die Oder, »Hauptkampflinie«, muss gehalten werden, befiehlt Hitler, aber die Oder kann nicht gehalten werden. Die Wehrmacht ist in Auflösung begriffen. Deshalb gibt es Standgerichte. Deserteure werden erschossen. Aber bald desertieren auch die, die Deserteure erschießen sollen, und Stetters Vorgesetzte setzen sich Richtung Westen ab. Die Soldaten schaufeln Schützengräben und Bunker: Sechzehnjährige, die an den Endsieg glauben, sind dabei, und alte Männer, die an nichts mehr glauben.

> »Zum letzten Mal ist der jüdisch-bolschewistische Todfeind mit seinen Massen zum Angriff angetreten […] Eine gewaltige Artillerie empfängt den Feind […] Der Bolschewist wird […] vor der Hauptstadt des Deutschen Reichs verbluten. Wer euch Befehl zum Rückzug gibt, ohne dass ihr ihn genau kennt, ist sofort festzunehmen und nötigenfalls augenblicklich umzulegen.«*

* Hitlers letzter Tagesbefehl an die Soldaten der Ostfront am 16. April 1945, entnommen der Synchronopse des Zweiten Weltkriegs, Econ-Verlag 1983.

Hermann Stetter erinnert sich an das mahlende Geräusch russischer Panzerketten. Wenn die Panzerfahrer sehen, dass deutsche Soldaten in den Gräben sind, fahren sie drauf zu und darüber und drehen sich darauf.
In einem Waldstück, etwa zwanzig Kilometer vor Ducherow, zertrümmern die Splitter einer Panzergranate Hermanns rechten Arm. Rotarmisten rennen auf den Verletzten zu. Sie haben selber Angst. Einer schießt, aber er erschießt den Deutschen nicht. Er hat am Gürtel zwei Ketten, an denen seine Pistolen hängen. Er treibt Hermann zu den anderen Gefangenen.
»Dawai, Dawai!« Wer nicht mehr kann und liegen bleibt, wird erschossen. Es werden viele erschossen. Hermann wird nicht erschossen. Ein russischer Arzt verbindet seinen Arm, Hermann verliert viel Blut. Weiterlaufen, weiter. Wenn du liegen bleibst, denkt er, erschießen sie dich. Nur nicht liegen bleiben. Deshalb läuft er, aber er hat Durst …
… sieht die Flasche im Mantel des Wachsoldaten neben sich, fleht ihn an um die Flasche. Der russische Soldat, er hat ein fröhliches Jungsgesicht, mag zwanzig sein, er gibt ihm die Flasche mit dem Schnaps, und dabei lacht er. Hermann sagt, dass der Soldat mit dem Schnaps ihm das Leben gerettet hat.
Das war am 27. April 1945. Zur Nacht werden die Gefangenen in eine Scheune geführt. Eine Scheune nahe dem Dorf Ducherow in Vorpommern. Rotarmisten

leuchten den Deutschen mit Taschenlampen ins Gesicht, sagen etwas, Hermann versteht es nicht, aber in seinen Ohren klingt es wie: »Die sind sowieso erledigt.« Einer, der neben Hermann liegt, sagt: »Kamerad, ade, morgen leb ich nimmer.« Am Morgen ist er tot. Die meisten sind am Morgen tot. Von den Gefangenen, 60 etwa waren es am Abend, stehen 14 wieder auf und werden in den Saal des Gasthofs Treetz am Ducherower Dorfplatz gebracht.

9

Wo sie vergessen werden von den russischen Soldaten. Wo sie von Maria Meinhof gefunden werden. Sie holt Doktor Appel und »seine unentbehrliche Begleiterin« Fräulein Dieckelmann, besorgt Verbandszeug, organisiert Essen, schart Helferinnen um sich. Hermann Stetter erinnert sich an Schwester Grete. Grete mit dem schiefen Gesicht … Eine schöne Frau, schön und voller Angst. Er sagt: »Nur vom Anschauen der Russen kriegte man keine Lähmung.«
Er spricht von den Nächten. Von den gellenden Schreien der Frauen auf den Treckwagen, die vorm Gasthof standen. Es kamen ja täglich neue Flüchtlinge, neue Wagen. Wochenlang Schreie in der Nacht. Von dem Gefühl, hilflos zu sein, spricht er, es geschehen lassen zu müssen. Was sind das für Männer, wenn sie die Frauen nicht schützen können? Von den Maschinengewehrsalven

*Der Bahnhof im Februar 2003*

spricht er, und dass es nach dem Knattern sehr ruhig war. Und dass am Morgen …

… am Morgen lagen Körper wie Fallobst unter den Bäumen der Allee.

10

Genug jetzt davon, genug.

Hatte ich Ihnen schon von Theo erzählt?

Nein?

Das ist nun aber auch keine fröhliche Geschichte.

Theo war Marinesoldat. Seinen Nachnamen weiß ich nicht mehr. Nur, dass er vom Kurischen Haff kam. Ein ganz junger Kerl. Er hatte Typhus. Wer Typhus hatte, dem gingen die Haare büschelweise aus. Wenn Ihre

Großmutter, wenn Frau Pastor also, am Abend nach der Andacht das Lazarett verließ, dann sang sie vorher mit uns noch das Lied: Großer Gott, wir loben Dich …
Das kennen Sie doch?
… Großer Go-hott, wir lo-hoben Dich, Herr, wir prei-heisen dei-heine Stärke. Vor Dir nei-heigt die E-herde sich und bewu-hundert Dei-heine Werke …
Nun sang der Theo aber sein eigenes Lied. Niemandem außer mir fiel's auf, denn er sang neben mir:
Großer Klotz, wir hobeln Dich … Großer Klo-hotz, wir ho-hobeln Dich …
So sang er. Und es machte ihm solchen Spaß! Er sang aus vollen Kräften, als wäre er kerngesund. Nun bin ich Katholik, und ich sagte zu ihm: Theo, das darfst du nicht tun, so solltest du nicht singen, das ist Gotteslästerung.
Tags darauf war der Theo tot.

11

Die sowjetischen Soldaten ließen die deutschen Verwundeten in Ruhe. Irgendwann im August kamen Russen, die Armbinden trugen und Entlassungsscheine ausstellten. Hermann bekam einen und war: frei.
Nur nach Hause, nicht wieder den Russen in die Hände fallen. Er hatte Angst, denn es hieß, die Gesunden würden nach Sibirien gebracht, selbst wenn sie einen Entlassungsschein hatten.
Also zu den Amerikanern. »Sag, du bist Bavarian«, rät

ihm jemand, »red nicht vom Allgäu, das kennt keine Sau, sag: Bavarian, das ist das Schlüsselwort.«
»I'm Bavarian, ich Bayer, understand?«
So kommt er durch. Als Bavarian kommt er in die Amerikanische Zone. Wird interniert, verhört, kriegt einen Doppelkeks mit Aprikosenmarmelade am Tag, manche kriegen Schläge.
»Bavarian ... you understand?«
Und wird entlassen. Und kommt nach Hause.

12

Ein Samstagabend in der Wirtschaft »Mittleres Entenmoos« in Kempten im Allgäu, zwei Jahre nach dem Krieg:
Jeder will tanzen, sich vergnügen und genießen und vergessen. Es ist ein bisschen schummrig im Gedränge und im Rauch, weshalb Hermann nicht sofort erkennt, wer da auf ihn zukommt. Und doch hört er den Satz, der zwei Jahre zuvor auf einer Straße in einem Dorf irgendwo im Osten gesprochen wurde, als zwei Männerkörper aufs Pflaster schlugen: »Sie, wir sehen uns wieder, wenn wir den Sieg haben ...«
»Gell, Kamerad, du wirst mich nicht verpfeifen«, sagt die Stimme, die er kennt. Der Siwecke wirkt verlegen. »Das, was damals passiert ist, tut mir heute Leid.«
»Du hättest es verhindern müssen, du warst vom Rang her der Höhere«, sagt Daniel.

»Es war Notwehr«, sagt der Siwecke.
»Es waren wehrlose Zivilisten«, sagt Daniel.
So gehen sie auseinander, gell, Kamerad, du wirst mich nicht verpfeifen?
Sie sehen sich nie wieder.
Hermann ist froh, dass sie sich nicht wiedersehen.
Er hat genug zu tun, seiner Träume Herr zu werden.
Die Schreie zu vergessen, die Toten, das Blut.

13

Und weiter?
Hermann hat eine schöne Stimme, eine außergewöhnliche Stimme. Einen Bariton. Er liebt Schubert und Wagner. Er studiert Gesang, aber vom Singen kann er nicht leben. Also macht er eine Lehre, bei der Zeitung arbeitet er, steigt auf, betritt seine schöne Laufbahn zum Verlagsdirektor. Er heiratet Margret Boesecke, eine kluge und schöne Frau. Sie bauen ein Haus, geben Konzerte, bewirten Gäste.

14

Aber wie macht man das: seiner Träume Herr werden?
An die Orte fahren?
Ja, noch einmal an die Orte fahren.
Zwei Jahre nach der Wende fährt er mit seiner Frau nach Ducherow, er will ihr alles zeigen: die Scheune, in der er gelegen hat, den Gasthof Treetz und den Bahnhof.

*Undatierte Ansichtskarte von Ducherow*

Die Scheune haben sie nicht mehr gefunden, dafür den Gasthof Treetz. Den Bahnhof fanden sie in einem jämmerlichen Zustand. Die Fenster mit Sperrholz vernagelt, die Uhr zertrümmert, die Bahnsteige löcherig, so dass man sich Hals und Beine brechen konnte. Gut erhalten war nur das Mauerwerk, der Backstein von wärmendem Rot. Und an einer Stelle auch die Schrift darauf:
»Räder müssen rollen für den Sieg!«

15

Neulich, war es auf einem Empfang?, bei einem Geburtstag?, Margret, wo war das doch gleich?, kam Hermann mit einem Mann ins Gespräch, der etwa seines Alters war, vielleicht ein bisschen älter. Nach einiger Zeit stellte der Mann eine Frage, mit der das Gespräch folgendes rasche Ende nahm:
»Sagen Sie, Stetter, was haben Sie eigentlich im Krieg gemacht?«
(Pause)
»Wollen Sie das wirklich wissen?«
(Pause)
»Nein.«
»Meine ich doch.«

*Schwer, sehr schwer sind jedoch solche Tage, wenn zum erstenmal einer unserer lieben Soldaten für immer von uns geht. Uns Schwestern kamen doch die Tränen in die Augen, als wir unserem lieben Heinrich Ballmann zum letzten Mal die Lieder vorsangen, die er so liebte. Ich hielt seine Hand mit beiden Händen umschlossen, während wir ihm sangen: »Wo findet die Seele die Heimat, die Ruh« und »Lass mich gehen, lass mich gehen.« Zum Schluss beteten wir ihm das Vaterunser, bald danach schlief er ganz still zur ewigen Ruhe ein. Mit dem lieben Arno Stern, der an Darmtuberkulose starb, wurde Heinrich Ballmann ins Grab gesenkt und viele, viele Rosen und andere Blumen künden es, wie lieb uns diese beiden Kranken gewesen sind. Wir sangen am Grabe »Näher, mein Gott zu Dir« und Heinrichs Lieblingslied: »Harre, meine Seele.« und »Ich hatt' einen Kameraden.«*

*Während ich hier sitze und Tagebuch schreibe, kamen 2 mongolisch aussehende Russen in unser Wohnzim-*

*mer, fragten, ob wir Kinder hätten. Gott sei Dank, war Vati bei mir, sie suchten natürlich wieder junge Mädchen. Ich hätte nicht allein mit ihnen sein mögen, es ist abends 10 Uhr. Wann wird diese Plage endlich ein Ende haben?*
*Was könnte ich nicht noch alles vom Lazarett erzählen! Von jedem einzelnen Soldaten möchte ich berichten, sie sind uns ja alle lieb geworden. Aber das würde doch zu weit führen.*

*Den 29.6.*

*Heut, nach einem arbeitsreichen Lazarett-Tag eile ich nun wieder zu Euch, Ihr meine geliebten Kinder. Wenn ich nun so viele Seiten lang von meiner Lazarettarbeit erzähle, sehe ich im Geist Eure verwunderten Gesichter: Wie kann Mutti das nur alles schaffen neben der Arbeit zuhause? Ja, da muss ich nun als Antwort ein ganz neues Kapitel anfangen mit der Überschrift: O h m - c h e n K r ü g e r.*
*Das ist die liebe gute Oma, die uns der liebe Gott gerade zur rechten Zeit ins Haus geschickt hat. Ich habe ja schon von jeher so eine besondere Vorliebe für liebe alte Damen. Seit ich verheiratet bin, haben wir nie ein liebes altes Großmütterchen länger als für einige Besuchstage im Hause haben können. Und nun kam schon vor Ostern Frau Hauptmann Regier, geb. Krüger, mit der Bitte zu uns, ob wir nicht ihre alte Oma aufnehmen*

*könnten, sie wolle so gern mit ihrem kleinen Jungen zu ihrem Mann nach Süddeutschland ziehen. Das war damals für uns eine gar schwierige Sache. Wir hatten im ganzen Hause nur einzig und allein Evis kleines Stübchen frei, und das w o l l t e n wir auch immer frei lassen, es könnte doch m a l sein, dass eins von Euch, ihr lieben Kinder, auf Urlaub käme. Und wirklich, gerade damals, als die liebe Frau Krüger zu uns kommen wollte, kamst Du, lieber Friedli, auf Urlaub und konntest drei g a n z e Wochen zuhause bleiben. W i e so gern denken wir noch an diesen letzten Jungsurlaub zurück!*
*Als Friedli nun abreisen musste, zog das liebe Ohmchen Krüger in sein Stübchen ein, und gehört nun schon so ganz untrennbar zu uns. Selbstverständlich sollte Ohmchen Krüger wie ein lieber Gast bei uns leben und sich nicht anstrengen. Als nun aber die Lazarettarbeit an mich herantrat, hatte ich auf einmal eine ganz tüchtige Vertreterin in der Küche. Ohmchen Krüger kocht ja, verwöhnt uns geradezu, die tüchtige Gutsfrau lässt sich nicht verleugnen. Und wenn auch die Russen Ohmchen Krüger einen ganz großen Schinken und eine Speckseite fortgenommen haben, so wird doch so manches liebe Mal etwas Gutes aus dem kleinen Eckstübchen herausgeholt, was unser Mittagessen erheblich verbessert. Jeden Mittag und Abend, wenn ich müde und ausgehungert von der Lazarettarbeit komme, kann ich mich an den gedeckten Tisch setzen und mir's so recht gut*

*schmecken lassen. Ohmchen Krüger besorgt alles mit so großer Ruhe und Sicherheit trotz ihrer schon sehr schwachen Augen.*

*Auch den Russen gegenüber ist uns das liebe Ohmchen oft eine große Hilfe gewesen, da sie etwas Polnisch sprechen kann und die Russen oft wieder herausexpedierte. Vor einigen Wochen hatte sich ein Russe aus unserem Kleiderschrank Vatis besten braunen Anzug herausgesucht. Das liebe Ohmchen ließ nicht ab in polnischer Sprache zu bitten: »Lass Anzug hier – lieber alter Mann hat nur den einen Anzug.« Als ihr dann ein paar Tränen in die Augen kamen, legte der Russe den Anzug wieder hin und begnügte sich mit zwei Taschentüchern. Tränen können die Russen nicht sehen.*

*So war's auch damals, als ein ganz strenger Befehl von den Russen herauskam, dass a l l e Flüchtlinge innerhalb einer Woche Ducherow zu verlassen hätten. Ich ging mit Ohmchen Krüger aufs Amt und bat, sie bei uns zu lassen, sie wäre doch heimatlos und könnte doch kaum noch sehen. Alles half nichts. Erst als Ohmchen Krüger anfing: »Ich ganz allein, alles verloren, Mann tot, Sohn und Tochter und kleiner Junge totgeschossen, Haus kaputt, abgebrannt«, und die Tränen kamen dem lieben Altchen dabei in die Augen – erst d a s rührte die Russin: »Nicht weinen, nicht weinen – hierbleiben.«*

*O, wie gingen wir glücklich und dankbar nachhause. Das liebe Ohmchen hat wirklich schweres Leid zu tra-*

*gen. Von ihren einzigen Lieben, dem Enkel und der Enkelin mit Mann und Kind keine Nachricht, das schöne Schloss in Schlagenthin, Kreis Arnswalde, abgebrannt, das Rittergut von Polen besetzt, die Rückkehr unmöglich, alle Gutsleute und Beamte in der weiten Welt verstreut. Ach, wenn es uns doch geschenkt würde, dass wir's dem lieben Ohmchen in unserem Hause so recht gemütlich und heimisch machen könnten! Wie glücklich würde uns das machen!*

*Den 10.7.*

*Wieder ist fast eine Woche vergangen, seit ich zuletzt hier im Tagebuch mit Euch, Ihr meine geliebten Kinder, plauderte, und ich bin doch so besonders viel mit meinen Gedanken bei Euch gewesen. Mein Friedli, denke mal, gestern und heut ist ein R.A.D.kamerad aus Jagel bei Schleswig bei uns gewesen, der 14 Tage mit Dir zusammen war. Er heißt Botho von Bruchhausen, 18 Jahre alt, und hat, seit er sich in Rendsburg von Dir getrennt hat, Furchtbares durchgemacht. 3–4-mal Gefangenschaft, einmal mit Ketten im dunklen Keller an die Wand geschlossen worden, verprügelt, bis er bewusstlos wurde. Dass so etwas* h e u t e *noch möglich ist, mittelalterlich muten uns solche Rohheiten an. Der Botho hat seine Erlebnisse im Gästebuch niedergeschrieben, darum will ich mich hier nicht weiter darüber verbreiten. Der liebe große Junge suchte seine geliebte Mutter in*

Karnin und – fand sie nicht. Wie war er niedergeschlagen! Und er wird weiter suchen in Berlin, München, Regensburg. Gott gebe, dass er sein Mütterlein wiederfindet! Das Suchen ist ja so schwer, und die Ernährung auf der Reise so knapp und die Zukunft für die lieben Jungens so aussichtslos!
Es war erschütternd, wie der Botho v. B. sagte: »Ich hab mich gern seit meinem 14. Lebensjahr als Soldat eingesetzt, und jetzt muss ich mich wie ein Schwerverbrecher behandeln lassen.« Er hatte mit seinen 18 Jahren schon das EK I. Wir haben ihn eingeladen, wieder zu uns zu kommen, jederzeit, sein Schicksal ist uns nahe gegangen. Und wie viel lieben Jungens geht es heutzutage ebenso?
Im Lazarett haben wir jetzt so besonders schwere Fälle. Ist's Ruhr, ist's eine typhöse Erkrankung? Frau Trettin, Käthe Boy fiebern nun schon tagelang bis über 40 und keine Besserung, Gott, der Herr, helfe ihnen gnädig, wir können nur die Hände falten. – Die liebe Lehrerin aus Stettin, Fräulein Hingst, die todkrank an Diphterie lag, ist nun auf dem Wege der Besserung, eine Ursache zum Danken, immer wieder.
Vatis Radaffären. Ja, über dies Thema muss ich doch noch Einiges berichten. Das erste Rad wurde Vati gleich beim Russeneinbruch gestohlen, ebenso Annchens, Friedlis und Fräulein Schreibers Rad. Vati beschwerte sich beim Kommandanten und durfte sich

Erlebnisse ein Gästebuch nieder-
geschrieben, darum will ich
noch für mich später darü-
ber nachdenken. – Der liebe gro-
ße Junge suchte seine geliebte
Mutter in Berlin, u. – fand
sie nicht. Wie war er nieder-
geschlagen! Und wird er wei-
ter suchen in Berlin, München,
Regensburg. Gott gebe, daß er
sein Mütterlein wiederfin-
det! Das Suchen ist ja so schwer,
u. die Ernährung auf d. Reise
so knapp u. die Zustände für d.
lieben Jungen so aussichts-
los! Es war erschütternd, wie
der Sohn v. D. sagte: „Ich hab
mich gern seit m. 14. Lebensjahr
als Soldat eingesetzt u. jetzt muß
ich mich wie ein Schwerverbre-
cher behandeln lassen." Er hatte
mit seinen 18 Jahren schon das
EK I. Wir haben ihn eingeladen,
wieder zu uns zu kommen, je-
derzeit, sein Schicksal ist uns
nahe gegangen. Und wie viel
lieb. Jungens geht es heutzutage äh-
nlich?

*von vielen gestohlenen Rädern wieder eins aussuchen. Dann, auf einer Rückfahrt von Anklam, wollte ein Russe Vati dies Rad wieder abjagen, aber Vati war schneller, und der Russe schimpfte hinter ihm her. Einige Tage später, als Vati die an der Bürgermeisterei angeschlagene Zeitung las, das Rad an der Hand, kam ein Russe auf einem sehr klapprigen Rad an Vati heran: »Kamerad, Rad tauschen.« Und Vati sprang auf und sauste davon, um die Ecke zur Hinterstraße durch die Wiese in unseren Garten hinein und war dem Russen, der ein schlechter Radler war, entwischt. –*
*Einige Tage später rief in Rathebur ein Polizist Vati an: »Anhalten.« Vati tat's nicht und fuhr noch bis zur Schule, der Polizist hinterher, nahm Vati alle Papiere ab, das Abkündigungsbuch und auch – das Rad. Am Sonnabend danach fuhr Vati auf Rektor Helbigs Rad nach Rathebur, um sich um das so nötige Abkündigungsbuch zu bemühen. Der Polizist in Rathebur hat's wirklich herausgerückt und schließlich auch das Rad. Ein andermal hatte Vati sein Rad in der Ratheburer Kirche versteckt und kam gerade darüber zu, als ein recht ungeschickter Russe sich vergeblich bemühte, es zu besteigen. Da konnte Vati es ihm fix wieder abjagen. –*
*Und dann kam der letzte Akt: an einem Sonntag auf der Fahrt zum Gottesdienst in Lübs umkreisten 5 Russen unseren lieben Vati und nahmen ihm endgültig das Rad ab. Seitdem geht es nun immer zu Fuß nach Lübs, Neu-*

*endorf, Altwigshagen, Wietstock, Rathebur und Bugewitz. Das ist viel für unseren 63-jährigen Vati, und er kommt des Sonntagsabends oft recht erschöpft nach Hause, kein Wunder bei 3–4 Gottesdiensten, Taufen und 18–22 Kilometern Fußweg. Die Gottesdienste in Altwigshagen und den dazugehörigen Dörfern hat jetzt Herr Rektor Helbig übernommen (früher Prediger der Gemeinschaft). Vati hat ihn am letzten Sonntag in sein Amt eingeführt.*

*Am 24. Juli.*

*Heut kann ich mal endlich von einer ganz großen Freude berichten. Es ist ja eins von Euch, Ihr geliebten Kinder, heimgekehrt, das liebe Irmchen [Anm.: Irmgard Meinhof, geborene Kikow, Rudolfs Frau] mit ihren beiden Süßen: Christianchen und Anja-Maria! Am Freitag früh um 7 Uhr war's. Ich hatte mir gerade die Haube aufgesetzt und mich für's Lazarett fertiggemacht, da sagt Annchen: »Heute kommen aber schon am frühen Morgen Flüchtlinge auf unseren Hof«, und gleich hinterher der Jubelruf: »Irmgard!« Eine halbe Minute später hielt ich sie in den Armen, die geliebten Lieben: Irmgard und die süßen Kleinen. Mit ihnen zusammen kamen Irmgards Schwester Waltraud Seelig mit ihren 3 lieben Kinderchen Wolfgang, Heidemarie und Joachim. Und wie sahen sie aus! Verkommen, verschmutzt, ermattet, einige barfuß, weil die Füße derart kaputtgelau-*

*fen waren, dass sie keine Schuhe mehr darauf vertragen konnten. Aber nun war alle Not vergessen, sie waren ja daheim und wir hatten sie wieder.*
*Wie waren unsere Herzen erfüllt von Dank und Freude nach 5 ½ monatelangem Bangen und Sorgen. Nun wurde gleich noch eine zweite Portion Roggenmehlsuppe gekocht, die den armen Flüchtlingen so recht gut tat. Dann lief ich fix ins Lazarett und machte mich für 1 ½ Tage frei, und dann hielten wir alle zusammen unsere Morgenandacht und sangen: »Lobe den Herren, der alles so herrlich regieret. In wie viel Not hat nicht der gnädige Gott über Euch Flügel gebreitet.« Dass Ihr gerade am 19. Juli kamt, war für mich geradezu eine Gebetserhörung.*
*Am 18. abends zogen Rektor Helbigs von uns fort. Drei Zimmer wurden dadurch frei, die wir gleich am anderen Morgen im Gemeindeamt hätten anmelden müssen. Sicherlich hätte man uns dann gleich wieder irgendwelche Flüchtlinge geschickt. Da war es mir ein besonders wichtiges Gebetsanliegen, dass Gott, der Herr, uns gerade heut liebe Menschen schicken möchte, die uns ganz nahe stünden, am liebsten unsere Kinder. Und da kamt Ihr geliebten Gottberger und wir hatten Platz für Euch. 8 Helbigs zogen aus, 7 Gottberger zogen ein. War das nicht wunderbar?*
*Mit welcher Freude wurden nun die Zimmer und die Betten für Euch umgeräumt und gemütlich zurecht gemacht. Ach, wir waren ja so glücklich, Euch wieder zu haben,*

*Ernst und Maria Meinhof im Nähtischeckchen des Pfarrhauses 1942*

*und so dankbar. Und was gab es nun alles zu erzählen. Wie viel Not und Gefahren, Schrecknisse und Ängste hattet Ihr in Gottberg, Blankensee und unterwegs auf der Flucht durchmachen müssen! Grausig, grausig.*
*Gleich am nächsten Tage mussten wir Waltraud Seelig mit ihrem Jüngsten, Klein Joachim in unser Lazarett bringen mit Diphterie, die glücklicherweise ziemlich leicht verlief. – Und dann der Sonntag, der 29.7., als Eure lieben Eltern Euch Lieben hier wiederfanden. Nie werde ich diese Freude wieder vergessen. Nur zaghaft anfragen wollten sie, wie so oft schon telefonisch: »Wißt Ihr irgendetwas von Irmchen, oder überhaupt irgend von unseren Gottberger Kindern?« Und wir konnten sagen: »Da habt Ihr sie, Eure Lieben – alle Sieben.«*

*Ich möchte hier ein Gedicht einfügen, in dem ich diese Wiedersehensfreude versucht habe zu schildern. Es entstand zu Mutter Kikow's 60. Geburtstag, den wir zusammen in Neuendorf verlebten:*

*»Heut sind es 60 Jahre, dass Gott Dich treu bewacht. Im Lieben und im Leiden hat Er es wohl gemacht. Du blickst bewegten Herzens auf das vergang'ne Jahr, das ein besonders schweres und unheilvolles war. Ihr mußtet sie verlassen, die Heimat, lieb und wert, das traute, sonn'ge Schulhaus, den lieben eig'nen Herd. Ihr mußtet flieh'n und eilen im langen, langen Treck, durch Dörfer und durch Wälder, weit von der Heimat weg. Und dann die schwere Sorge: Wo sind die Kinder, wo? Sind sie wohl noch am Leben? Quält man sie irgendwo? Ganz zaghaft kamt Ihr fragen zu uns nach Ducherow: »Wißt Ihr was von den Kindern? Wo sind sie nur, sagt, wo? Und dann, es war am Sonntag, ich weiß es noch wie heut, da hattet Ihr sie wieder. Welch Glück, ach, welche Freud! Ihr durftet alle Sieben nun drücken an das Herz. Vergessen alle Sorgen, vergessen Angst und Schmerz. Und dann nach ein'gen Wochen fand't Ihr ein eig'nes Heim. Ihr durftet wieder glücklich Hausfrau und Lehrer sein. Und drangen neue Sorgen nun wieder auf Euch ein, es kam durch dunkle Wolken auch bald der Hoffnungsschein. So leitete Euch gnädig durch Leiden und durch Not, durch Krieg und große Schrecken der ewig treue Gott. Scheint auch die Zukunft dunkel, ganz*

*dunkel wird sie nicht. Gott führet Seine Kinder gewiß durch Nacht – zum Licht.«*

*Ja, so lebten dann die neun »Kikonen«, wie ich sie immer gern nenne, neun Wochen mit uns zusammen, d.h., ich war ja tagsüber immer im Lazarett, aber die schönen Abende konnte ich doch immer mitgenießen, besonders das gemeinsame Singen abends nach der Andacht.*

*16. Januar 1946*

*Ja, so lange habe ich das liebe Tagebuch vernachlässigt, fast ½ Jahr nichts darin berichtet. Ich konnte einfach nicht mehr die Zeit zum Schreiben finden. Nun kam ja die Zeit, wo man wieder Briefe schreiben konnte. Die lieben Grabaus meldeten sich wieder aus Sondershausen, und auch die anderen Lieben. Nur von unseren geliebten Jungens kam und kam keine Nachricht. Elf lange bange Wochen wussten wir nicht, ob überhaupt noch e i n s unserer geliebten acht Kinder am Leben sei. Dann kamt zuerst Ihr lieben Gottberger, dann meldetest Du dich, liebe Urseli, ach, was war das doch für eine Freude, und dann kam das erste Lebenszeichen von Dir, mein lieber Friedli, durch Rosemarie aus Gütersloh. Und dann kam Vati eines Vormittags extra ins Lazarett, um mir die Freudenbotschaft zu bringen, dass auch von Dir, lieber Wilhelm, durch einen Kameraden ein Lebenszeichen gekommen sei.*

*Glückliche Nachricht von Dir, lieber Rudi, brachte mir Christianchen ins Lazarett. Da stand das süße kleine Ding auf der Treppe und sagte: »Unser Vati lebt!« Durch Platzers war die glückliche Botschaft zu uns gedrungen. Ach, meine lieben Kinder, ich kann es Euch gar nicht beschreiben, was das für Stunden und Tage der Freude und des Dankgefühls waren, wenn sich einer von Euch meldete, oder auf irgend einem Umweg ein Lebenszeichen von Euch kam. Wie fühlten wir uns dann so reich, so glücklich und so erleichtert. Und wie kam unser Dank dann in der Andacht so recht zum Ausdruck, besonders durch unsere schönen Lieder. Ja, »Weg hat Er allerwegen, an Mitteln fehlt's Ihm nicht.«*
*Ja, von Euch Fünfen wissen wir nun, wo Ihr seid. Aber es fehlt ja noch jegliches Lebenszeichen von Wolf, Jochen und Hanfried. Ach, das Warten wird immer schwerer, gerade jetzt, wo so viele Nachrichten von ihren Söhnen aus Russland bekommen.*

*13. März.*

*Wenn es auch schon spät am Abend ist, will ich doch noch einige Eintragungen in mein liebes Tagebuch machen. Ich habe augenblicklich Urlaub und kann des Morgens etwas länger schlafen. Seit 3 Monaten habe ich nicht mehr die Leitung im Lazarett. Die Verantwortung wurde mir zu groß seit unserer Übersiedlung ins Schloss, wo wir zuerst nicht einmal telefonische Verbin-*

*dung mit Dr. Appel haben konnten. Solange wir am Dorfplatz das Lazarett untergebracht hatten und ich in wenigen Minuten bei beunruhigenden Veränderungen der Kranken den Arzt zu Rate ziehen konnte, bedrückte mich die große Verantwortung nicht so sehr. Aber im Schloss konnte ich sie nicht mehr übernehmen, zumal sich die Patientenzahl bald verdoppelte, ja, verdreifachte, bis zu 65. Man muss eben seine Grenzen kennen und zur rechten Zeit zurücktreten können.*

## *»Sie wissen doch, was der Hitler will?«*

Selma Appel

Mag sein, dass sie das Bild längst von der Wand genommen hätte, wenn es diese Geschichte nicht gäbe. Ihr Mann mochte das Bild nicht. Die Geschichte mochte er, aber das Bild nicht. Und wenn er etwas nicht mochte, wenn ihm etwas zuwiderlief, dann hat sie alles getan, den Grund des Ärgernisses zu beseitigen. Wie auch er alles getan hat, damit es ihr gut ging.

Denn sie behandelten einander behutsam und mit der Langmut, wie sie Menschen manchmal zu eigen ist, wenn sie spüren, dass sie angekommen sind. Dass sie also nicht mehr zu suchen brauchen. Dass sie also ihre Liebe gefunden haben.

Selma Dieckelmann und Heinz Appel wussten, dass sie angekommen sind. Von Anfang an wussten sie das. Dabei war er verheiratet und um Jahre älter als sie.

Also:

Das Bild blieb hängen. Wegen seiner Geschichte und weil Heinz Appels Vater, er war Arzt wie sein Sohn, das Bild für seine Frau gekauft hatte, 1935 im Sommer, zum

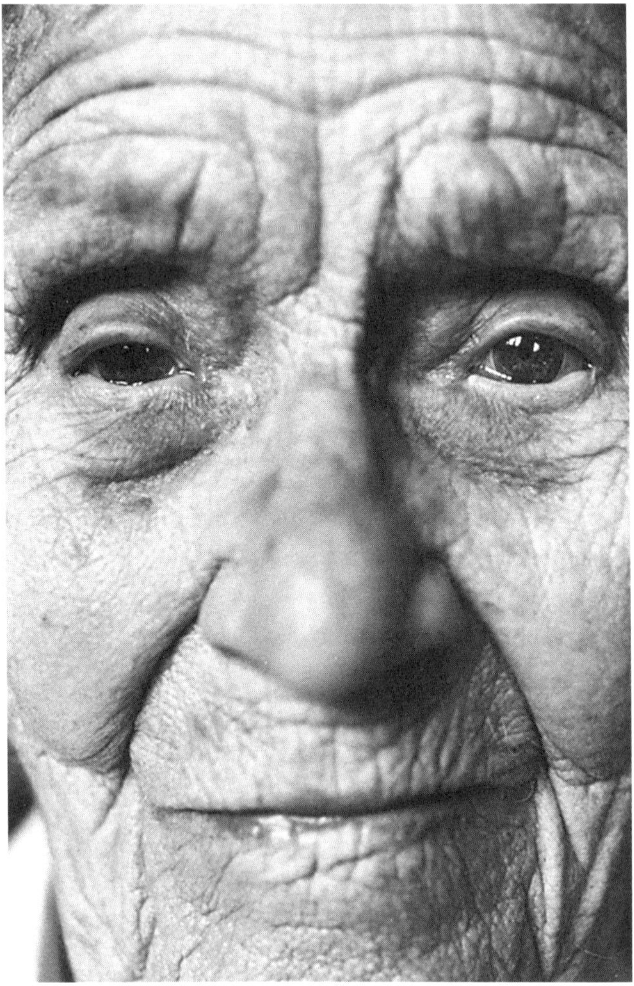

*Selma Appel*

Hochzeitstag, in einer Berliner Galerie, zur Erinnerung an einen Lachanfall.

»In dieser Galerie … wie heißt sie doch gleich … in dieser Passage … wissen Sie … Unter den Linden, wo der Hitler immer langfährt …«

Selma Appel ist Jahrgang 1911. Ihr Gang ist tastend, aber aufrecht, ihre Gesten sparsam, ihr Lächeln wie Samt, so weich. Große Wege kann sie nicht mehr machen. Krankenschwestern sehen nach ihr. Sie hatte einen Schlaganfall und dann noch einen, aber sie hat alles wieder gelernt, das Sprechen auch, sehr gut sogar.

Sie hat einen Dackel, Dolly heißt er, aber sie sagt nicht: Ich habe einen Dackel, sie sagt: Dolly hat mich. Manchmal, wenn ein Fremder kommt, hört Dolly nicht auf zu bellen. Manchmal bellt sie sich richtig in Rage. Dann holt Selma Appel den Kleiderbügel von der Garderobe im Flur. Der ist umhäkelt, so dass die Stücke, die darauf hängen, geschont werden. Noch nie hat Dolly Prügel bekommen, und soweit ein Hund etwas wissen kann, weiß Dolly, dass man mit einem Bügel im Allgemeinen nichts anderes tut, als ihn mit Mänteln zu behängen. Aber kaum dass sie den Bügel sieht, erstarrt sie und ist still. Es ist wie ein Bann.

Selma Appel und ihr Hund Dolly leben noch immer in dem Haus, das dem Gasthof gegenüber liegt. Hier hat ihr Mann praktiziert, oder, hier hat sie mit ihrem Mann praktiziert. Wie man es sehen will.

*Heinz und Selma Appel*

Sie war seine Sprechstundenhilfe, sagen manche im Dorf.
Seine unentbehrliche Begleiterin, schreibt meine Großmutter.
Sie war sein linker Arm, sagen andere.
»Ich war sein linker Arm«, sagt Selma. Und das hatte seine Bewandtnis, denn Doktor Appels linker Arm hing dürr im Ärmel, ohne Leben, wie ein Stock. Als gehörte er gar nicht zu ihm. Doktor Appel hatte Kinderlähmung. Er bekam es mitten im Studium, in Wien, 1924 war das, auf einer Donaufahrt Richtung Varna bekam er's.

Ein Professor in Berlin, berühmt für seine Heilkunst, versuchte, den Arm mittels Stromstößen zum Leben zu bewegen. Appel, vor einer rätselhaften Apparatur in des Professors Institut sitzend, sagt: »Herr Professor, geben Sie mehr …«, obwohl es eine Tortur war und er die Grenze längst spürte.

Der Professor: »Lieber junger Kollege, mehr bringt Sie um …«

Aber Appel wollte leben.

Der Arm blieb, wie er war.

Wenn Doktor Appel ein Rezept ausschrieb, legte er mit der rechten Hand seine linke Hand auf den Rand des Papiers, damit es nicht wegrutschte beim Schreiben. Aber es rutschte manchmal weg, und ein Bogen glitt aus, und ein Häkchen schlitterte davon, wohin es wollte. Dagegen war er machtlos. An diese schlitternden Buchstaben konnte er sich nicht gewöhnen, so lange er lebte.

Aber Heinz Appel hatte das, was man Ausstrahlung nennt. Selma war von dieser Ausstrahlung gefesselt. Sie bewunderte die Sicherheit, mit der er Diagnosen stellte. Sie lernte von ihm, und er ließ ihr alle Freiheit.

Denn er war von ihr gefesselt. Davon, dass sie manchmal ahnte, was geschehen würde, welchen Verlauf eine Krankheit nehmen würde, wie sich dieser oder jener Patient verhalten würde und welcher Ton für ihn der richtige sei, ob eine harte Wahrheit ihm zumutbar war oder ob man sie ein bisschen schleifen musste.

»Sie haben eine Intuition«, sagte er, »wie machen Sie das?«

Wenn er das sagte, lächelte sie.

Er fuhr Auto, natürlich, das musste er ja. Er besaß einen Maybach für die Sonntage und einen anderen Wagen für die Alltage. Er fuhr einen rasanten Stil. Lieber aber war es ihm, dass Selma fuhr, und er saß daneben. Sie mussten oft über Land, auch nachts.

Selma erinnert sich an eine Fahrt zu einem Kranken, sie am Steuer. Regen kann man das nicht nennen, es schüttet, die Scheibenwischer überfordert, als hätte der Himmel ein Loch bekommen. Selma ist auf den Weg konzentriert, obwohl sie ihn kennt, den Weg, aber sie kennt ihn nicht in diesem Zustand, nicht, wenn man zwischen zwei regenvollen Schlaglöchern entscheiden muss, deren beider Tiefe man nicht abschätzen kann, und das noch in Eile. Da sagt er aus dem Nichts:

»Sie wissen doch, was der Hitler will?«

»Was der Hitler will ... was will er?«

»Er will die Juden umbringen. Alle Juden umbringen. Das will er. Denken Sie daran.«

Sie sind da.

So, dann woll'n wir mal, was für ein Wetter, Türen klappen, scheußliches Wetter, wo liegt er? ... Ah, da lang bitte, Herr Doktor, da entlang ...

*Doktor Heinz Appel (links) mit Kollegen, um 1930*

Selma?

Selma, wo bleiben Sie denn …

Selma steht im Regen, starrt auf die schmalen Spuren, von den Reifen gezogen, wie sie langsam zusickern. Der Boden ist vollgesogen wie ein Schwamm.

Selma sitzt auf dem Steg, am Strand, in Altefähr auf der Insel Rügen. Hier ist sie geboren. Einen vertrauteren Blick gibt es nicht als Stralsunds Schattenriss, der gegen den Himmel kantet: Sankt Marien, Sankt Jakobi, Nikolai … Das Wasser unter ihr klatscht gegen die Bohlen und Bretter, schwappt über die Steine, die

ihre langen grünen Haare trödeln lassen im zahmen Meer.
Selma winkt dem Boot nach, das ihre Freundinnen nach Hause bringt. Rosa und Berta Steinfeld. Sie sind schon kaum mehr zu sehen, die beiden. Es ist wie an jedem Abend eines jeden heißen Sommertages, wenn die Zwillinge aus Stralsund nach der Schule noch mit zum Baden nach Altefähr gekommen waren.
Berta ist Selmas Banknachbarin. Einmal, weil es Selma so Leid tut, dass Berta immer nur Käsebrote in der Pause isst, bittet sie ihre Mutter, doch auch für Berta ein Leberwurstbrot zu schmieren. So wie sie es hat, jeden Tag. Dass sie's ihr mitnimmt. Und die Mutter tut es. Und wundert sich nicht, dass Selma am Abend enttäuscht ist.
Siehst du, Selma, sagt Frieda Dieckelmann, das ist der Unterschied: Juden essen nichts vom Schwein, und das ist schon alles.
Das ist alles. Juden essen keine Leberwurstbrote, Juden essen Käsebrote, das ist der Unterschied, und: Juden sind plötzlich …
… weg.
Es gibt keinen Abschied. Berta und Rosa sind plötzlich weg. Sollen nach Shanghai gegangen sein, die Steinfelds, Herrenkonfektion Steinfeld, vormals Stralsund, jetzt Shanghai. Ein Schiff bestiegen und weg, die Steinfelds.
Heißt es.

Selma?

Selma, wo bleiben Sie denn?

Selma steht starr im Regen. Die Spuren, von den Autoreifen gezogen, sind voll gelaufen. Wie viele Minuten sind vergangen, seit sie hier steht? Seit sie gerufen wird? Oder sind es nur Sekunden?

Selma sitzt mit ihren Eltern beim Essen. Ein Abend im Winter, in Ducherow, wohin Rangiermeister Robert Dieckelmann, vormals Hauptstellwerk Altefähr, schon 1936 versetzt worden war. Der Vater ist gerade aus Stettin zurück. Man hatte ihn dorthin beordert, zur Aushilfe.

Denn es gibt viel zu tun in Stettin, gerade viel zu tun in Stettin. Der Vater ist verstört, als er zurückkommt. Er erzählt: Juden werden in Züge verfrachtet, Güterwagen voller Juden, Frauen, Alte, Männer, Kinder, es ist kalt, sie treten von einem Bein aufs andere, weil's so kalt ist, sagt er, bevor sie in die Züge kommen. Das ist ein Anblick …

Es heißt, sie werden in Arbeitslager gebracht. Aber die Kinder können doch noch gar nicht …

Arbeitslager, heißt es.

Heißt es.

Daran denkt die Arzthelferin Selma Dieckelmann, als sie im Regen steht und Heinz Appel nach ihr ruft, weil er sie braucht bei dem Kranken. Weil sie sein linker Arm ist.

*Das Bahnhofsgebäude*

Selma Appel sitzt unter dem Bild, das er nicht mochte. Es hängt im Wohnzimmer über dem wuchtigen Sofa neben der Tür, dem Fenster gegenüber. Kurz bevor die Rote Armee kam, haben sie es abgenommen, in Decken geschlagen und versteckt.

Kurz bevor die Rote Armee kam, hat Selma Dieckelmann ein Laken zerrissen, das Zerrissene umsäumt, eine Fahne gemacht, auf den Stoff geschrieben: »Typhus«, Typhus verstand jeder, denn Typhus hieß Tod, und ein rotes Kreuz gemalt, die Fahne nach draußen gehängt. Wie eine Pestflagge hing sie da. Sie sagt: »Die Fahne hat uns beschützt.« Jedenfalls in den ersten Tagen. Da kam kein Soldat ins Haus.

Der erste Rotarmist, den Selma Dieckelmann sieht, sitzt auf einem Pferd. Er singt mit schöner Stimme:

»Keine Angst, keine Angst, Ros'marie.«

Von denen, die sie dann sieht, sind die meisten krank, so dass ihnen nach Singen nicht ist. Sie haben Syphilis und den Tripper. Sie wollen gespritzt werden. Manchmal bringen sie die Ampullen mit. Ziehen wortlos den Ärmel hoch. Manchmal verlangen sie nach dem Mittel, aber Appels Vorräte sind längst aufgebraucht, und Nachschub ist nicht zu bekommen.

Salvarsan heißt das Mittel, das Selma Dieckelmann den Soldaten spritzt. Doktor Appel steht dabei, wenn sie es spritzt. So fasst sie niemand an. Manchmal bringen die Soldaten ein Stück Fleisch mit, als Dank oder Bezah-

lung, wie man es nennen will. Rohes Fleisch, legen es auf den Tisch: »Du essen … gut …«, ziehen den Ärmel wieder runter und gehen.
Abends aber schwärmen dieselben Soldaten wieder aus, gehen in die Häuser und nehmen sich Frauen wie Dinge, keine Angst, Ros'marie, keine Angst. Wenn der Morgen kommt, tönt eine Fanfare durchs Dorf. So werden die Soldaten zurückgerufen. Haus für Haus hat die Krankheit.
Es gibt auch Frauen, die sitzen auf den Stufen zur Kommandantur. Sie haben Ringe an den Fingern und tragen Nylonstrümpfe. Sie sind verrückt nach Nylonstrümpfen. Sie gehen freiwillig mit den Soldaten, wenn man es freiwillig nennen kann. Manche für Brot. Manche für Schmuck. Manche, weil sie hoffen, geschützter zu sein als Freiwillige. Manche für ein Kleid. Manche für Strümpfe.
Es kann sein, dass eine Frau, die es freiwillig tut, die Strümpfe oder das Kleid einer Frau bekommt, der sie es vom Leib gerissen haben. Es können Nachbarinnen sein.
Im Mai 1945 bekommt Doktor Appel verwüstete Leiber auf den Operationstisch. Die zerstörten Leiber der verwundeten deutschen Soldaten aus dem Lazarett, zerstörte Leiber von russischen Soldaten. Zerrissene Frauen.
Doktor Appel näht und amputiert, er ist kein Chirurg, aber er kann das: amputieren. Er traut es sich zu, er hat

keine Wahl, aber Selma. Er zischt dabei: »Das haben wir alles unserem Führer zu verdanken.«

An einem Tag sterben vier Menschen. Sie können sie nicht retten. Selma Dieckelmann nimmt einen Wagen und zieht die Toten zum Friedhof.

Sie arbeiten bis zum Umfallen.

Sie warten, dass die Lage ruhiger wird.

Dass es wieder eine Ordnung gibt, ein neues Deutschland …

Die Lage wird ruhiger. Ordnung kehrt ein. Die russischen Soldaten bleiben. Aber in Kasernen. Freundschaft wird verordnet. Den Frauen bleibt sie im Halse stecken. Sie können nicht reden über das, was war. Es gibt zwei Deutschlands jetzt, ein gutes und ein schlechtes. Ducherow liegt im guten Deutschland.

Selma Dieckelmann und Heinz Appel heiraten. Doktor Appel, ein leidenschaftlicher Jäger einst, rührt keine Waffe mehr an. Nie mehr.

Das Bild wird hervorgeholt und wieder aufgehängt. Es hat ja diese Geschichte. Deshalb soll es hängen. Und die Geschichte, ja, die Geschichte muss man erzählen …

… denn wenn man sie *nicht* kennt, sieht man:

Ein schlankes Boot, vertäut, aber schaukelnd, die Segel gerafft.

Der Wind? Ein bisschen wirr vielleicht.

Das Wasser? Kabbelig deshalb, voll aufgeregter Silberstücke.

Der Himmel? Ein Himmel, der nichts wiegt und nichts kostet.
Ein Sommerbild, ein Fernwehbild. Ein glückliches Bild. Es heißt: »Bucht von Neapel«.
Gemalt von Prof … den Namen, zu schwungvoll, rechts unten, kann man nicht lesen, aber der Name ist auch nicht wichtig.
Wenn man die Geschichte kennt, sieht man noch mehr: das Boot, das Wasser, den Himmel, eine Mole, und ein Paar an der Mole. Ein Mann und eine Frau.
Dem Gang nach sind sie erschöpft. Der Wind zerrt Strähnen aus ihrer Frisur. Wenn der Wind die Strähnen nach oben zerrt, lodern sie wie wilde Flämmchen. Wenn die Frau die Haare in den Mund bekommt, schmeckt sie, dass der Wind sie gesalzen hat, und weiß, dass sie am Ziel sind.
Angekommen. Da. Endlich. Es ist ihr Hochzeitstag. Der Mann und die Frau atmen durch nach einer langen Reise. Wenn man aus Pommern kommt, ist Neapel eine Ewigkeit weit weg.
Aber hinter ihnen diese aufdringliche Kutsche. Ein Mann auf dem Bock. Er will die Tour, will die zwei Deutschen durch Neapel kutschieren. Er lässt die Pferdepeitsche vor ihnen aufs Pflaster stippen. Das macht ein pfeifendes Geräusch.
Der Mann fasst die Frau um, sie bleiben stehen und schauen, sie demonstrieren: Wir. Haben. Zeit.

Bleibt auch die Kutsche stehen.
Also gehen sie weiter, schreiten aus.
Wir wollen gehen, soll das nun heißen: Wir. Wollen. Gehen.
Aber der Kutscher will sie fahren, er will nicht verstehen und lässt seine Peitsche pfeifen. Dreht der Mann sich um, zornig schon, und schreit den Kutscher an:
»O lego mio Arschio!
Le-go mi-o Ar-schi-o!
Verstehen Sie?
Capito?«
Es kommt so aus dem Bauch heraus. O lego mio Arschio. Es ist ein Kompromiss. Und der Mann und die Frau bekommen einen Lachanfall wegen dieses Kompromisses. Sie lachen und lachen, und ihr Lachen steckt Flaneure an und die Schuhputzer und die Limonadenverkäufer. Ihr Lachen vertreibt den Kutscher, und der Satz »O lego mio Arschio« wird nun für immer bei ihnen bleiben.
Das geschah im Sommer 1934. Der Mann und die Frau waren Hans und Margarethe Appel, Selma Appels Schwiegereltern. Sie nennt sie: die alten Herrschaften.
Es klingelt.
Dolly rennt zur Tür und bellt.
Soll sie nur bellen.
Es wird die Schwester sein.
Es ist die Schwester.

Draußen, auf dem Dorfplatz, jagt der Busfahrer des Spätbusses Anklam – Ducherow – Schwerinsburg den Motor hoch. Nur der Fahrer sitzt drin. Ein Mann steigt ein. Selma Appel steht am Fenster, dem Bild gegenüber, und sagt:
»Ist das nicht eine wunderbare Geschichte?«

*Die Zeit der Übersiedlung des Lazaretts vom Dorfplatz zum Schloss war für mich sehr unruhig und anstrengend. Was musste ich nicht alles belaufen und besorgen im Gemeindeamt, im Schloss, im Lazarett, beim Tischler und Installateur. Und dazu die Verantwortung für die Kranken, um die ich mich damals nicht genügend kümmern konnte. Auf Drängen des Bürgermeisters siedelten wir dann schon am … in's Schloss über, bevor die Wasserleitung und die Heizung in Ordnung war. Ein sehr schwieriger Anfang! Wochen später übernahm dann Schwester Hilde Drichelt die Leitung des Lazaretts, und ich fühle mich seitdem mehr als Hausmütterchen. Nun komme ich endlich zu all' den nötigen Arbeiten, wie Matratzen- und Wäscheflicken, die ich sonst immer aufschieben musste. Ich habe nun auch hin und wieder Zeit, den lieben Kranken eine Morgenandacht zu lesen, was sie so gern mögen. Dass ich jetzt nur noch des Vormittags im Lazarett arbeite, bekommt meinem Körper und meinem heimatlichen Haushalt auch bes-*

*ser. Nun kann ich auch wieder Pfarrfrau sein und Kranken- und andere Besuche in der Gemeinde machen. Im Lazarett musste ich mich zuerst sehr an die gewisse Unselbständigkeit gewöhnen, als Schwester Hilde die Leitung übernahm. Aber mit gutem Willen lernt man auch d a s, einer kann eben nur bestimmen, und so muss ich eben auch brav um alles fragen, ein rechter Christ muss sich demütigen können.*

*Vor etwa 6 Wochen hatten wir die große Sorge, dass 14 Fälle von Flecktyphus auftraten, darunter 4 Schwestern und Fräulein Peters und Hahn aus der Lazarettküche. Durch Gottes Hilfe und die Tüchtigkeit Dr. Appels und die treue Pflege der Schwestern sind alle Flecktyphuskranke, bis auf eine, gesund geworden. Aber es waren sorgenvolle Tage und Wochen. Täglich wurden bei den Kranken Blutübertragungen gemacht. Wir hatten ja sogar gleich zwei Männer zur Verfügung zur Blutentnahme. Sie hatten im Kriege Flecktyphus durchgemacht. – Wie gut, dass wir hier ein Lazarett haben, wo die Kranken gleich die sachgemäße Pflege bekamen. Wie furchtbar hätte diese entsetzliche Krankheit um sich gegriffen, wenn die Kranken auch nur einige Tage in den Familien geblieben wären.*

## *Die Söhne der Maria Meinhof, für die das Tagebuch bestimmt war*

*Georg-Wolfgang*, »Wolf«, vermisst seit dem 9. Oktober 1941 nach einem Gefecht bei Demjansk. Ein halbes Jahr später, nach der Schneeschmelze, fand man sein Postsparbuch und seinen Führerschein und schickte beides den Eltern. Georg-Wolfgangs Leiche wurde nicht gefunden.

*Hans-Gottfried*, »Hanfried«, galt zunächst als vermisst. Er war in der Nacht zum 1. Januar 1945 als Jagdflieger zum Bombenabwurf über englische Städte abkommandiert worden. »Vom Feindflug nicht zurückgekehrt«, teilte man den Eltern mit. Am 14. September 1947 erhielten sie auf Grund eigener Nachforschungen Nachricht vom »Informationsbureau, Hotel Victoria, Northumberland Avenue, London W.C.2« folgenden Inhalts:
»Meinhof, Oblt., was killed, when his F.W.190 crashed on the southern outskirts of Breda, Holland on the 1stcb. January 1945. The place of burial ist not known. His discnumber was 53549/321.«

*Die gefallenen Meinhof-Söhne – Georg-Wolfgang (oben), Hans-Gottfried (Mitte) und Joachim*

*Die Familie 1931 in Ducherow*

*Joachim*, »Jochen« oder auch »Bü«, Kenn-Nummer: A. 36425, vermisst seit 21. März 1944. Aus dem Brief des Kompanieführers an die Eltern: »Sehr geehrter Herr Meinhof! Es ist mir eine traurige Pflicht, Ihnen mitteilen zu müssen, dass Ihr lieber Sohn, der Grenadier Joachim Meinhof, am 21. 3. 1944 bei den schweren Kämpfen S O Witebsk vermisst wurde. Die Wartezeit von 4 Wochen, die wir zu Ihrer Benachrichtigung abwarten mussten, ist leider verstrichen ... in aufrichtigem Mitgefühl, gez. R. Strothe. Oblt. u. Kp. Führer.«

*Rudolf* studierte in Greifswald und Tübingen Theologie und wurde Pastor. Er heiratete Irmgard, geborene Kikow, mit der er Christiane, Anja und Marianne großzog. Rudolf starb am 14. März 1996 in Bad Oldesloe.

*Wilhelm* war mit Ursula von Andrian verheiratet. Nach dem Krieg wurde er Geschäftsführer einer Brennstofffirma. 1947 kam Ulrike, 1950 Cornelie zur Welt. Wilhelm starb am 12. Januar 2004 in Bayreuth.

*Friedrich-Karl*, »Friedli«, studierte in Münster, Bethel und Tübingen Theologie, ging 1951 in die DDR und wurde Pastor auf der Insel Rügen, wo er noch heute lebt. Er war verheiratet mit Helga, geborene Stolzenburg, die Christine, Andreas, Thomas und Renate zur Welt brachte.